왜
나는 아이와 자꾸 부딪칠까?

왜 나는 아이와 자꾸 부딪칠까?

아이와 미치도록 코드가 안 맞는
엄마를 위한 기질양육법

김성은 지음

팜파스

들어가는 말

예전에 비해 우리는 자기 자신에게 맞는 것을 찾는 경향이 늘고 있습니다. 취미, 운동 같은 여가뿐 아니라 식사, 공부 같은 필수 생활영역에까지도 자기만의 스타일을 추구합니다. 자신에게 맞는 것, 활동을 찾아서 한다는 것은 '남들과 다르다'는 재미를 줄 뿐 아니라 실제로 유익합니다. 자기만의 정체성과 자기 자신에 대한 탐구가 가능해지기 때문이지요. 이와 같이 자신에게 맞는 생활과 활동을 하는 것이 소중한 것처럼 자녀 양육도 마찬가지입니다. 자신에게 맞고, 아이에게 맞는 방법을 찾아야 합니다.

요즘은 많은 부모들이 TV나 책에서 양육 지식이나 솔루션을 찾아 듣습니다. 그런 다음 효과적인 결과에 흡족해 그 방법이 우리 아이에게 맞는지를 생각해보지 않고, 아이에게 적용해보려고 하지요. 그런데 어찌된 영문인지 대부분의 경우, 우리 아이에겐 뚜렷한 효과가 좀처럼 나타나지 않습니다. 많은 부모님들이 기대한 만큼의 성과가 없으면 자신의 아이나 방법이 문제라고 생각합니다. 그러나 사실 이것은 방법의 문제도, 아이의 문제도 아닙니다. 그에 앞서 이 방법이 '나와 아이' 사이에 얼마나 맞을 것인가에 대한 고민이 없었던 것이 아마 가장 큰 문제일 것입니다.

　우리는 화초나 식물을 키울 때 무엇이 필요한지를 알고 있습니다. 햇빛, 물, 공기가 필요하지요. 그런데 화초나 식물도 종류에 따라 필요한 것이 달라집니다. 식물이라면 당연히 햇빛이 좋을 거라고 생각하겠지만, 어떤 식물은 햇빛을 직접적으로 받으면 누런 떡잎이 지기도 합니다. 그뿐만이 아닙니다. 물도 많이 줘야 하는 식물, 적게 줘야 하는 식물이 있습니다. 어떤 식물은 물을 자주 주면 뿌리가 썩어버립니다. 즉 애정을 갖고 식물에게 정성스럽게 물을 주었더라도, 그 식물에 맞게끔 주지 않으면 그 식물은 제대로 자랄 수 없습니다. 그래서 식물을 키울 때는 무엇보다 그 식물에 맞는 물과 햇빛 강도 등을 잘 알아야 합니다. 하물며 식물을 키울 때도 이러한 맞춤이 필요한데, 아이는 어떨까요? 아이를 키울 때 좋다 하는 것들을 모두 적용하면 우리 아이는 쑥쑥 잘 받아들일까요? 우리는 과연 부모로서 아이가 어떤 특성이나 성향을 가지고 있는지 식물만큼이나 고민하고 있을까요?

　나와 내 아이에게 맞는 양육 방법이 어떤 것일까를 이제부터라도 반드시 고민해야 합니다. 그리고 그러한 고민을 할 때 가장 우선해야 할 것은 부모와 아이가 각자 지닌 고유한 바탕을 이해하는 것입니다. 나는 어떤 유형의 사람인가, 우리 아이는 어떤 유형의 사람일까를 살펴봐야 합니다. 그러면서 각자의 기질들을 잘 파악하는 것이 필요합니다. 기질이 왜 중요할까요? 우리는 자신의 기질에 따라서 사물을 보는 관점도, 행동 양식도 다릅니다. 같은 상황을 보더라도 어떤 사람에게는 문제로 보일 수 있지만 어떤 사람에게는 지극히 정상으로 보일 수 있는 것입니다. 부모가 아이를 잘 키우고, 아이와 원활하게 소통하기 위해서는 기질에 대한 이해가 반드시 필요합니다. 그렇지 않으면 수박 겉핥기 식의 소통과 이해가 되겠지요. 아이의 기질을 알면 이해하지 못할 아이의 행동에 대해서도 답이 보이고, 부모로서 어떻게 도와주면 될지도 보이게 될 것입니다.

상담 현장에서는 무턱대고 노력하는 부모님들보다 자신과 아이에게 맞는 방법을 찾아내어 노력하는 분들이 훨씬 더 효과적으로 문제를 개선하는 것을 보게 됩니다. 물론 아이들도 자신의 장점을 더 키우고 발휘하게 되지요. 심지어 어떤 부모님은 "나는 절대 그런 것은 못하는 사람이에요."라며 자신을 어떤 틀에 못 박았던 경우도 있었습니다.

그런데 그 부모님 역시 아이의 기질, 자신의 기질을 이해하려 노력하면서 "나는 원래 이런 사람이 아닌데… 이상하네."라고 이야기하셨지요. 물론 아이와의 관계도 훨씬 좋아지셨구요. 어쩌면 그분은 그동안 살면서 자신의 기질을 잘못 파악했었는지도 모릅니다.

현재의 기질이 불변의 것은 아닙니다. 또한 내가 알고 있는 성향은, 내가 아닌 남이 만들어준 것일 수도 있습니다. 무엇보다 가장 중요한 작업은 나와 내 아이를 제대로 파악하는 것이며, 이것은 자녀 양육의 가장 기본입니다.

저는 예전에 《나와 다른 아이 어떻게 키울까?》에서 아이와 부모의 기질에 대해 다루었습니다. 그런데 독자분들 중에 종종 '나의 상황과 비슷한 유형 하나만' 골라서 읽는 분들을 보았습니다. 그런데 책에서 이야기하는 기질 중 '하나'만이 나의 것은 아닙니다. 기질에는, 사물을 보는 관점에 따른 구분들도 있고, 자신의 생각을 어떻게 표현하느냐에 따른 구분도 있고, 사회적인 상황에 어떻게 반응하느냐에 대한 구분도 이야기하고 있습니다. 이렇게 이야기한 기질들이 통합되어야 한 사람이 되고, 곧 내가 될 것입니다. 예를 들면 급하면서 말이 적고, 외향적이면서 무던한 사람도 있을 수 있고, 느리면서 말수가 많고, 내성적이면서 예민한 사람도 있다는 것입니다. 단순히 내성적인 사람, 말이 적은 사람은 없습니다.

  이 책에서는 중요한 양육 장면에서 어떻게 기질을 고려해야 하고, 부모와 아이의 애착 관계를 위해 어떻게 접근해야 할지를 이야기합니다. 분명한 것은 나와 아이와의 관계에 기질이 큰 영향을 끼치고 있다는 것입니다. 각자의 기질을 존중해서 서로 좋은 관계를 유지하고 있는지, 아니면 일방적이고 부정적인 영향을 주고받고 있는지를 한번 점검해보았으면 합니다.

  가장 좋은 책은 그 책을 읽고, 자극을 받아 하나라도 실천으로 옮기게 하는 책이라고 생각합니다. 자녀 양육과 관련된 책은 그냥 읽고 끝내면 아무런 의미가 없습니다. 부디 이 책이 독자 여러분의 마음에 닿아 아이를 향한 관심 어린 행동으로 이어졌으면 합니다.

  좋은 부모가 되기 위해 고민하고 노력하는 모든 분들에게 이 책이 도움 되길 바랍니다.

심성은

CONTENTS

들어가는 말 4

 부모라면 누구나 아이의 기질 앞에 무릎 꿇는 순간이 온다!
― 잘못 다가서면 더 엇나가는 엄마와 아이의 비밀

알다가도 모를 아이의 성향, 우리 아이는 대체 뭐가 문제일까? 15
그 대단한 육아 방법이 우리 아이에게만 안 맞는 불편한 진실 20
아이에게 화내기 전에 생각해야 할 것! 23
아무리 기질이 중요해도 간과해서는 안 되는 것! ― 아이의 도덕성 27
아이마다 타고난 욕구 그릇이 다르다 33

 내게서 점점 멀어져 가는 아이, 붙잡을 방법은 단 한가지다!
― 상담실에서 엄마들이 가장 심각하게 토로하는 4가지 기질 이야기

 속도
- 부모와 아이 사이가 점점 벌어지는 직접적인 이유! 37
- 상대방의 행동 속도가 내 감정을 건드린다 41
- 매일 아침, 전쟁에 시달리는 빠른 엄마와 느린 아이 44
- 느긋한 엄마가 꼭 알아둬야 할 '아이의 필수 요구' 51

 고집
- 아이와 진짜 힘겨루기가 시작된다 57
- 쇠심줄보다 더 질긴 아이의 고집에 우는 부모들 60
- 엄마의 센 고집이 아이를 망친다 68

집중력과 활동적	우리 아이가 ADHD는 아닐까? **75**
	오래 앉아 있는 아이를 만들기 위한 부모의 몸부림 **78**
	한 가지만 계속하는 아이를 답답하게 보지 말자 **85**

이성과 감성 사이	감성은 부모한테 물려받는 게 아닌가 봐요! **91**
	머리로 말하는 부모 VS 가슴으로 대답하는 아이 **94**
	감성적이고 예민한 부모가 쉽게 걸리는 덫 -과잉보호 **99**

3장 아이의 기질을 외면하면 아이의 사회성도 흔들린다
― 부모 아이 관계를 견고히 만들고 아이의 사회성을 결정짓는 4가지 기질 이야기

인간관계	우리는 누구나 더불어 살아간다 **107**
	부모의 사교성이 아이에게는 부담이 될 수 있다! **111**
	내성적인 부모 눈에 '아이의 외향성'이 불편한 이유 **117**

자유와 규칙	사회의 틀을 바라보는 아이와 부모의 차이 **123**
	'규칙을 지키지 못하니깐 넌 나쁜 아이야!'라는 지적의 함정 **126**
	자유분방한 부모로 인해 흔들리는 아이의 도덕성, 감정기복 **137**

수다와 조용함	아이의 '표현'에 대한 사회성 편견을 벗어보자! **145**
	표현하기 좋아하는 부모 앞에서 아이는 딴 생각을 하게 된다 **148**
	쉴 새 없이 쫑알대는 아이가 난감한 부모 **153**

배려와 이기심	나와 남 사이, 아슬아슬한 밸런스 맞추기 **159**
	배려하는 부모 눈에는 그저 자기밖에 모르는 아이! **162**
	나 중심적인 부모가 키우는 '착한 아이 신드롬' **170**

4장 부모라면 한 번쯤 고민하는 4가지 문제, 아이에게 맞는 해결책 찾기
　　　　- 학습, 진로, 이성문제, 인터넷 문제에 관한 기질별 조언

남들 다 좋다는 사교육도 거부하는 우리 아이, 잘 맞는 학습방법은? **177**

꿈을 꾸는 것도 기질에 따라 다른가요? **184**

우리 아이가 남자친구, 여자친구에 유독 관심이 많아요! **190**

우리 아이가 인터넷 게임중독, 스마트폰에 빠져들고 있어요! **193**

 5장 부모와 아이가 서로 맞춰간다는 것, 바탕에는 기질 존중이 있다
　　　　- 부모와 아이가 서로 이해하고, 친밀한 관계로 나아가는 방법

아이와 내가 비슷한 기질이라면 과연 괜찮을까? **205**

부모이기 때문에 아이를 객관적으로 볼 수 없는 현실 **219**

사실, 아이만 바라보기에는 너무 힘든 부모들 **222**

평생 애틋한 부모와 아이 관계, 그 답은 '기질 존중' **227**

1장

부모라면 누구나 아이의 기질 앞에 무릎 꿇는 순간이 온다!

- 잘못 다가서면 더 엇나가는 엄마와 아이의 비밀

# 알다가도 모를 아이의 성향, 우리 아이는 대체 뭐가 문제일까?

우리는 자기 자신이나 남에 대해 이야기할 때 '나는 이런 사람이다. 저 사람은 저런 사람이다.'라고 규정을 짓습니다. 의식적이든 무의식적이든 말이지요. 상대편을 규정짓지 않으면 '그 사람은 도대체 어떤 사람일까?'라는 궁금증이 생깁니다. 그런데 이것은 단순히 궁금함에서 끝나지 않습니다. 이게 파악이 안 되면 내가 어떻게 행동해야 하는지도 난감해집니다. 이러한 단정이 있어야 상대편과 어떤 식으로 관계를 맺고, 자신이 어떻게 행동해야 할지도 알게 되기 때문이지요.

물론 이러한 규정 역시 사람에 대한 이해를 바탕으로 하겠지요. 사람을 이해하는 방법은 참으로 다양합니다. 그중 한 축을 담당하는 것이 바로 '기질'입니다. 기질은 사람이 가지고 태어난 고유한 것입니다. (여기서는 학문적인 접근을 하려는 것은 아닙니다) 기질을 천성 혹은 성질이라고도 하지요. 기질은 한 상황에서 다른 사람과 구별되는, 자신만의 행동 특성과 감정 경향을 말합니다. 얼굴 모양이 다르듯이 기질 역시 사람마다 다릅니다. 물론 비슷한 기질들도 있겠지요. 하지만 똑같은 기질은 없습니다. 타고날 때 똑같은 기질이었다 할지라도 가족이라는 환경 속에서 기질의 모양새들이 조금씩 달라지지요.

기질은 타고나기도 하지만, 선천적인 것과 후천적인 것의 경계가 상당히 모호합니다. 엄마의 배에서 잉태되면서부터 아이 고유의 기질이 있지만 그 기질이 배 속 환경(임산부가 편안한지 스트레스를 받은 상황인지 등)에 영향을 받으면서 어떤 특성을 가진 아이가 태어납니다. 뿐만 아니라 이 특성이(예를 들면 순하다, 예민하다, 느리다) 부모의 양육환경(부모의 성향, 경제적인 상황, 사회적인 상황 등)과 어우러지면서 또 다르게 변화합니다. 그래서 기질을 변치 않는다고 할 수 없습니다. 물론 콩이 팥처럼 딴판이 되지는 않겠지만 불변의 것은 아니라는 겁니다.

레빈이라는 학자의 연구에서 재미있는 사실을 알 수 있습니다. 그는 한 무리의 새끼 쥐를 엄마 쥐에게서 매일 3~15분 정도 떼어 놓고, 다른 무리의 새끼들은 3~6시간 정도 떼어 놓았습니다. 쥐가 성장한 뒤 스트레스 반응을 조사했는데 엄마와 장기간 떨어져 있던 쥐가 스트레스에 대해 더 예민하게 반응했습니다. 행동적, 생리적으로 말이지요. 그런데 스트레스에 약한 쥐들도 엄마가 어떠하냐에 따라 다르게 성장

등학교에 입학할 때도 불안한 반응을 보일 여지가 큽니다. 이러한 면에서 기질에는 '일관성'이라는 특징이 있습니다. 물론 일관성이 영원하지는 않습니다. 달라질 가능성도 있지요. 하지만 많은 기질이 정반대로 변하지는 않는 것 같습니다. 애써 노력해서 수줍음이 많은 사람이 사교적인 편으로 바뀔지라도, 본디 깔린 수줍음이 완전히 없어지지는 않는 것. 이 역시 기질의 또 다른 특성입니다.

우리 모두는 자신만의 기질이 있습니다. 그런데 많은 부모님들이 아이의 기질적 특성을 파악하기보다 '내가 아는 범위 내에' 끼어 맞추어 이해하려는 실수를 저지릅니다. 때로는 "부모만큼 자식을 잘 아는 사람이 어디 있냐?"면서 "내가 우리 아이를 제일 잘 안다!"고 확신하는 부모도 봅니다.

그런 부모님들 중 상담소에 오시는 분들이 "우리 애는 무척 산만하다."고 자주 말씀하십니다. 하지만 여러 상담과 평가를 거치면서 실제로 아이가 산만하기보단 부모의 눈에 산만해 보이는 것일 때가 많지요. 부모가 조용한 성격이어서 아이의 사소한 움직임조차 산만함으로 간주해버리는 것입니다. 제 눈에 안경처럼, 부모가 아이의 기질을 객관적으로 보지 못할 때가 사실 많이 있습니다. 때문에 상대방의 기질만이 아니라 나의 기질도 함께 살펴보는 노력이 필요합니다. 더욱이 아이와 부모 사이에서는 이러한 노력이 반드시 필요합니다.

이 책에서는 부모와 아이 사이에서 기질 때문에 어떤 충돌이 일어나고 힘든지를 알아보려 합니다. 전형적인 조언과 교육방식이 왜 우했습니다. 자주 핥아 주는 엄마가 키우면 불안한 엄마 쥐가 키우는 것보다 아기 쥐가 겁도 덜하고 스트레스도 잘 견디는 쥐로 성장한 것입니다. 즉 처음에는 예민하게 태어난 쥐라 하더라도 환경적인 여건이 좋아지면 예민성이 줄어들 수 있다는 것이지요. 사람도 마찬가지입니다. 이런 의미에서 기질 역시 여건에 따라 긍정적인 방향으로 성장이 가능합니다.

수줍음이 많은 아이들도 4세 이후가 되면 80% 이상은 성격이 달라진다는군요. 물론 이 변화가 성인 때까지 지속된다고 단언할 수는 없습니다. 하지만 기질이 한곳에서 변치 않은 채 머물러 있지는 않는다는 건 분명하지요. 그렇기 때문에 부모와 아이 관계에서도 기질의 상관성을 다룰 필요가 있습니다. 아무리 변할 수 있다 해도 기질은 지속적인 어떤 모양새를 띄고 있으니까요.

이를테면, 한 아이가 어린이집에 처음 가는 상황을 생각해봅시다. 어떤 아이는 불안해하며 울고불고 버티지만, 어떤 아이는 새로운 친구를 만난다고 신 나게 손을 흔들며 갑니다. 엄마 역시 각양각색입니다. 어떤 엄마는 개인시간이 생겼다며 좋아하는데, 어떤 엄마는 아이가 걱정되어 아무것도 못한 채 안절부절못하고 있지요. 우리는 살아가면서 일어나는 일들을 이토록 다르게 이해하고 행동합니다. 그리고 그 저변에는 그 사람의 기질이 존재합니다.

위 어린이집 이야기처럼 사람마다 '처음 상황'에 대해 일관적인 행동 양상을 보입니다. 어린이집에 처음 가는 걸 불안해하는 아이는 초리 아이에게는 통하지 않을까? 왜 나와 아이 사이에는 늘 이런 문제가 일어날까? 이런 갈증이 있었다면 이제 그 목마름을 채울 수 있을 것입니다. 아이와 자신의 고유 기질에 대한 이해가 커질수록 '갈등과 해결'을 어떻게 맞춰가야 할지를 알 수 있을 테니까요.

그 대단한 육아 방법이
우리 아이에게만 안 맞는 불편한 진실

　많은 부모들이 아이를 키울 때 효과적인 노하우나 현명한 양육 방법을 찾으려 합니다. 책이나 매스컴에서 '이럴 때 이렇게 하면 된다!' 식의 조언에 귀 기울이지요. 아이를 잘 키우고 싶은 부모 마음에서일 겁니다.
　하지만 그 결과 아이의 문제 행동과 해결에만 초점을 두고, 공통적이고 대중적인 방법들을 아무런 고민 없이 우리 아이에게 그대로 적용하게 됩니다. 가장 중요한 아이의 특성이나 엄마 자신의 특성은 전혀 고려하지 않고 말입니다. 그러다 보면 어떤 집은 오히려 역효과가 납니다. 예컨대, 아이가 '고집을 피울 때는 타임아웃(아이를 '생각하는 의

자에 앉아서 시간을 보내는 방법'을 하라'는 조언의 경우, 아이에 따라 전혀 효과가 나지 않습니다. 이 방법을 억지로 쓰려고 하면 아이에게 불안감을 조성할 수도 있습니다. 그렇게 되면 아무리 좋고 효과가 뛰어난 방법이라 하더라도, 우리 집 아이에겐 오히려 독이 되는 셈이지요.

'우리 아이에게 과연 이 방법이 맞을까?' 이 고민은 아이를 키우는 장면마다 반드시 필요합니다. 그러기 위해 우리 아이의 특성이 뭔지 알려는 태도가 필요합니다. 그런데 많은 전문가들이 문제 아이보다 문제 부모가 더 많다고 이야기합니다. 부모의 틀에 맞춰 아이를 고치고 가다듬으려 해서 탈이 나는 경우가 더 많기에 하는 말입니다. 부모가 자신의 특성과 시각대로 아이를 파악하려고 하니, 아이의 본 모습 그대로를 보지 못하는 경우도 꽤 많이 있습니다. 부모가 파악한 '문제'가 사실 문제가 아닌 것이지요. 부모 자신의 기질과 특성을 알아야 하는 이유는 여기에 있습니다.

우리가 기질, 성향에 주목해야 하는 이유가 '누가 문제인가?'를 알기 위해서는 아닙니다. 또 문제 아이나 문제 부모를 찾아내기 위함도 아니지요. 부모 자신이나 아이가 가진 기질들을 파악하려는 이유는 '서로를 인정하고 서로의 장점을 키워주기 위함'입니다.

자신의 기질이 주변 사람들에게 제대로 받아들여지면 절대 극단적인 상황(기질의 단점들만 두드러지는 상황)으로 가지 않습니다. 예를 들면 느긋한 사람이 여유는 있을지라도 지나치게 느려지지는 않는다는 것이지요. 예민한 성향의 경우 제대로 지지를 받으면 섬세함과 자상함이 됩니다. 표현력이 과한 아이는 사교적인 사람이 되어 그룹을 이끌어가기도 합니다. 그런데 아이의 기질들이 제대로 인정받지 못하면 기질의 보완해야 할 것들이 문제처럼 나타나기 시작합니다. 침착함은 더 소심하게 되거나, 활동적인 모습은 정신없이 굴고, 중구난방 같은 태도로 가게 될 수 있습니다. 극단적인 상황으로 가게 되면 사회생활을 하는 데 어려움을 겪을 수도 있지요. 그러니만큼 부모와 아이가 서로 어떤 기질을 갖고 있고, 이 기질들이 서로 어떻게 상호작용하는지를 잘 파악하는 것이 중요합니다. 그래야 서로 지지해주고, 유연하게 잘 굴러갈 수 있습니다.

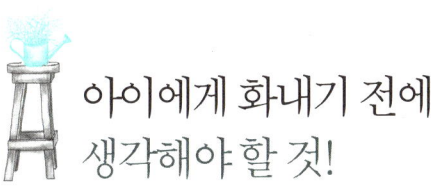
아이에게 화내기 전에 생각해야 할 것!

사람과 사람이 서로 다르다고 느낄 때 어떤 감정을 느낄까요? 나와 이해관계가 없거나 별 상관이 없는 사람이면 그냥 '저런 사람도 있네.'라고 넘어갈 수 있지만 그게 아니라면요? 대체로 싫다는 감정이나 틀렸다는 생각이 먼저 듭니다. 부모와 아이 관계가 딱 이렇습니다. 상담실에서 만나는 부모님들은 '우리 애하고 나는 너무 달라서 너~무 싫다.'는 말을 자주 합니다. 이것은 아이가 싫다기보다 다른 기질과 부딪히는 것이 싫다는 의미입니다. 아이를 키우는 것이 즐겁지 않고, 아이와 자꾸 부딪치니까 남의 자식은 잘 크는데 우리 애만 왜 저런지 모르겠다.'는 생각마저 들게 됩니다.

살다 보면 많은 사람들을 만나게 되지 않습니까? 나와 다른 사람을 만나면 극단적인 감정에 휩싸입니다. 아주 호감이 가거나 아니면 거부감이 드는 것이죠. 자신의 기질에서 개선할 점을 잘 알고 있다면 다른 성향의 사람에게 호감이 갑니다. 하지만 대체로 많은 사람들은 무의식적으로 거부감을 느낍니다. 만약 주변 사람을 만났을 때 왠지 '싫다'는 생각이 들면 '나와 성향이 다른 사람'이라고 여기면 된다는 것이지요.

게다가 알게 모르게 나와 다른 사람을 보면 '틀렸다'는 생각이 나를 지배합니다. 나와 다른 사람들의 경우 괜히 싫고 상대하고 싶지 않은데 하물며 내 아이가 나와 다르다면 어떨까요? 아이의 행동과 모습이 그냥 편안하게 받아들여질까요? 나와 다른 사람은 피하면 그만이지만, 아이는 그럴 수 없기 때문에 '바꾸고 싶은 욕망'이 생기게 됩니다. 예컨대 부모는 시간 계획을 세워서 차근차근 하기 바라는데 아이는 자기 마음 내키는 대로 하는 편이라면 어떨까요? 부모는 아이가 다양한 관심을 가졌으면 좋겠는데 아이는 한곳에만 몰두한다면 어떨까요? 아이에게 잔소리를 하지 않고, 아이의 있는 그대로를 인정해줄 수 있을까요?

결혼 대상자를 고를 때는 나에게 맞는 사람을 고르려고 열심히 노력할 수 있지만 내 아이는 선택의 여지가 없습니다. 내가 원하든 원치 않든 아이의 성향은 정해져서 태어납니다. 이제 중요한 것은 아이와 부모가 '서로 맞추어가는 일'입니다.

아이의 타고난 기질이 설령 자신과 맞지 않는다고 해서 바꾸려는 태도는 좋지 않습니다. 바꾼다는 것에는 벌써 문제란 인식이 있는 겁니다. 내가 원하는 성향이 아니라는 이유로 그 자체를 문제로 볼 수는 없습니다. 만약 우리에게 다른 사람의 기질을 바꿀 권리가 있다면, 자녀 역시 부모의 기질에 대해 '바꿔달라 요구할 권리'가 있어야겠지요. 이 말은 극단적으로 말해서 내가 남의 성향을 인정하지 않고 변화를 요구한다면, 남 역시 나를 마음대로 주무른다 해도 할 말이 없다는 것입니다.

반대로 다른 사람의 성향을 있는 그대로 인정한다면, 그것은 곧 다른 사람들에게 나를 인정받을 수 있다는 것입니다. 적어도 가족이나 부모 자녀 관계에서만큼은 이것을 꼭 지킬 필요가 있습니다. 우리가 모든 세상을 품을 수는 없지만 우리 아이는 품어야 하니까요. 그래야만 아이가 행복하게 자랄 수 있으며 결국 부모에게도 기쁨과 행복으로 돌아오게 될 테니까요.

처음에는 이러한 작업이 일방적인 것처럼 보입니다. 부모부터 먼저 시작해야 하니까요. 하지만 사람과 사람 사이의 노력은 결코 일방적이지 않습니다. 제대로만 한다면 말이지요. 우리는 여태 아이부터 노력하도록 강요해왔습니다. 부모가 노력했지 무슨 아이가 노력했냐구요? 우리는 아이에게 "생각 좀하고 행동해라, 조심해라, 남을 생각해라" 식으로 잔소리와 야단을 많이 합니다. 그것을 통해 아이가 변하기를 기대하는 것이지요. 즉 아이에게 "변화를 위해 노력 좀 해라!"라고 강요한 것이지요.

 당연히 아이가 먼저 노력하기는 쉽지 않습니다. 아이는 부모로부터 아직 많이 받아야 하고 욕구를 충족 받아야 하는 존재이기 때문이지요. 부모의 성향에 맞추려고 아이에게 노력을 요구하는 것 자체가 어쩌면 이미 아이를 부정하는 행위입니다. 하지만 부모가 노력해야 하는 것이 솔직히 억울하기도 합니다. 상담할 때 왜 내가 이런 노력을 해야 하느냐고 속상해하는 부모님들이 많습니다. 아이가 그냥 잘 커주면 좋을 텐데, 남의 집 아이들은 이런 노력을 안 해도 잘 크는데 우리 아이는 왜 그런지 모르겠다고 하소연합니다. 이 억울하다는 생각 이면에는 '내가 뭘 잘못했다고…'라는 생각이 있습니다. 이건 누구의 문제 차원이 아니라 서로 다르다는 것에서 빚어질 수밖에 없는 부분입니다. 내가 혼자 노력하는 것이 아니라, 어른인 내가 아이보다 노력을 먼저 시작하는 것입니다. 내 아이는 선물입니다. 부모인 내가 키울 수 있는 '최상의 아이'를 선물로 받은 것이지요. 나와 다른 아이가 선물로 주어진 것은 나에게 그 아이를 감당할 만한 능력이 있기 때문입니다.

# 아무리 기질이 중요해도 간과해서 안 되는 것!
- 아이의 도덕성

기질을 잘 이해하는 것이 좋은 관계를 만드는 데 꼭 필요한 것은 틀림없습니다. 누구나 동의할 말을 왜 강조하는 걸까요? 간혹 상담 현장에서 기질의 중요성을 인정하는 부모님들 가운데 도덕적인 행동이 필요한 상황에서도 기질로 이해하고 넘어가는 경우가 있습니다. 상황을 유연하게 넘기고, '좋은 게 좋은 거'라는 식으로 행동하는 것이지요. 이 부모님들은 아이가 도덕적인 잘못을 했을 때도 '그럴 수밖에 없는 상황'을 충분히 이해해줍니다. 그러면서 아이의 잘못을 이해해주지 않는 주변 사람들에게 서운해하기도 합니다.

그렇다면 여기서 도덕성은 무엇을 뜻하는 걸까요? 도덕성은 '사람과 사람 사이에서 지켜야 할 바람직한 규칙'이라 할 수 있습니다. 도덕성이 좋다는 것은 사람 관계에서 지켜야 할 규칙을 준수하는 걸 의미합니다. 더불어 사는 사회에서 이 도덕성은 누구나 존중하고 따라야 할 가치일 것입니다. 하지만 기질 가운데는 이것을 불편해하고 자주 충돌하는 기질이 있습니다. 물론 반대로 법 없이도 살 것 같은 도덕군자 기질도 있고, 규칙과 자유 사이에서 아슬아슬하게 줄타기를 하는 기질도 있습니다. 이 기질들은 삶의 여러 곳에 드러나고 자연히 자녀양육의 현장에서도 표현될 것입니다. 부모가 아이의 기질을 이해하고 존중해야 하지만, 아이의 도덕성을 키워주는 것만큼은 기질이 어떻든 간에 꼭 집중해야 할 부분입니다.

그렇다면 아이를 키우는 것에서 도덕성은 무엇일까요?

첫째로 남의 것과 내 것에 대한 구분을 명확히 해야 한다는 것입니다. 남과 나의 구분은 아주 중요합니다. 부모의 생각이 자녀의 생각이 될 수 없고, 내 친구의 생각이 내 생각이 될 수 없습니다. 남의 장난감이나 연필 크레파스 등의 문구가 내 것이 될 수 없으며, 남의 옷이 내 옷이 될 수 없습니다. 시험을 볼 때 남의 답이 내 답이 될 수 없습니다. 남의 돈이 내 돈이 될 수 없습니다.

그렇습니다. 도덕성의 첫 번째는 남의 것과 내 것에 대한 구분이 명확해야 한다는 것입니다. '네 것이 내 것이고, 내 것도 내 것이다' 같은 놀부 심보에 대한 경계만이 아닙니다. 소유에 대해서 남과 나의 것의 구분이 안 되게 가르쳐서는 안 된다는 겁니다. 물질적인 것의 구분이 안 되면, 추후 정신적인 구분까지도 모호하게 됩니다. 내 것처럼 남의 것을 존중하는 마음은, 이런 구분에서 시작됩니다.

하지만 아이들은 어릴수록 모든 것을 다 내 것으로 만들고 싶어 합니다. 이럴 때 부모나 아이가 어떤 기질이든 간에 내 것이 아닌 것에 아이가 손을 댄다면, 개입해야만 합니다. 그래야 아이의 도덕성이 클 수 있습니다. 남의 것을 내 것인 양 썼다고 심하게 야단을 치는 것만이 개입은 아닙니다. "ㅇㅇ꺼 아냐. 만지면 안 돼."라는 말을 지속적으로 해주어야 합니다. 아주 어릴 때부터 말입니다. 내 아이가 어리다는 이유로, 아무것도 모른다는 이유로 그냥 넘어가거나 상대방의 이해를 바라는 것은 절대 안 됩니다.

두 번째로 도덕성은 우리 아이가 다른 사람에게 피해를 주는 행동을 하지 않는 것입니다. 구체적으로 말하면 다른 사람들이 보편적으로 동의하고 만들어진 공공질서를 지키는 것과 사회적 규칙을 지키는 것을 말합니다. 의외로 우리나라 사람들은 이 부분이 상당히 약합니다. 동방예의지국이라 불리는 우리나라 사람들인데, 왜 다른 사람에게 피해를 주는 행동에 대해 덜 예민할까요? 이것은 다른 사람에게 피해를 주는 행동을 우리가 잘못 이해하기 때문이 아닌가 싶습니다.

우리는 상대방이 내 행동에 대해 이해하고 너그럽게 받아주었을 경우, 피해를 줬다는 생각이 덜 들고, 다행이라는 생각이 듭니다. 그런데 반대로 내 행동을 이해해주지 않고 감정을 드러내면 '미안하다'는 생각이 훨씬 더 들지요. 그리고 자신의 행동을 창피하게 여깁니다. 물론 기분도 나쁘지요. 그런데 이러한 생각 이면에는 다른 사람이 내 행동에 대해 어떻게 반응하느냐에 초점이 가 있는 걸 알 수 있습니다. 즉 남이 뭐라고 하면 문제가 되고 남이 뭐라고 하지 않으면 문제가 되지 않는 상황이라는 겁니다.

이러한 사고방식에는 체면과 창피함이 존재합니다. 순간이나 상황을 모면하는 데 치중하기 때문에 도덕성의 발달보다는 수치심이 발달합니다. 극단적으로 가게 되면 '내가 재수가 없어서 걸렸다'는 식의 생각도 하지요.

다른 사람에게 피해를 주는 행동은 남의 이목과 상관없습니다. 남이 뭐라고 해서가 아니라 다른 사람에게 피해를 주면 안 되기 때문에 피해 행동을 하지 않도록 가르쳐야 합니다. '누가 뭐라고 할까 봐, 누가 뭐라고 하니까, 남의 눈에 좋지 않게 보일까 봐.'란 기준은 맞지 않습니다. 특히 어떤 부모는 기질상 다른 사람들의 시선을 굉장히 중요하게 받아들입니다. 그렇다 보니 아이의 행동보다 다른 사람들이 어떻게 보느냐에 온 마음이 다 갑니다. 그래서 아이의 행동을 통제해야 하는 건지 구분하지 못하고 상황을 무마하는 것에 초점을 둡니다.

도덕성의 기초가 되는 '다른 사람에게 피해를 주지 않도록 행동하기'는 남에게 영향력을 끼칩니다. 이러한 것을 제대로 구분하지 못하면 '내가 도덕성을 키우는지 수치심을 키우는지'도 모르고 스스로 잘하고 있다고 착각할 수 있습니다.

부모의 기질은 절대로 도덕성의 기준이 될 수 없습니다. 내 맘에 드는 행동인지 마음에 들지 않는 행동인지로 도덕성을 판단하면 아이에게 제대로 된 도덕성을 키워줄 수 없다는 것입니다. 만일 부모 자신의 판단이 도덕적 잣대가 된다면, 부모 기질이 다 다르기 때문에 집집마다 도덕적 잣대가 달라질 겁니다. 이것은 다른 사람과의 관계에서 상당한 혼란을 가져올 것입니다.

이 도덕성을 키우는 데 좀 더 주의해야 할 부모의 기질이 있습니다. 바로 자유 분방형입니다. 자유 기질의 부모는 아이를 너무 잘 이해하고 받아주고, '그럴 수 있지. 뭐' 식으로 대합니다. 모든 상황에는 이유가 있다고 여기고, 우리 아이가 다른 사람에게 피해를 주는 행동도 너무나 넓은 아량으로 이해합니다. 3살짜리 우리 아이가 다른 아이를 물면 "아직 말로 자신을 잘 표현할 수 없는 나이니까." 식으로 말합니다. 그리고 피해 행동에 대한 사과나 재발 방지보다 아이의 행동을 변명하고 상대 부모를 이해시키는 것에 신경을 씁니다. 아이 입장에서 보면 참 이해심 많은 부모처럼 여겨지겠지요. 하지만 아이는 '해도 되는 것과 안 되는 것'에 대한 선을 모르고 넘어가버리게 됩니다. 그리고 아이는 이유가 있으면 다른 사람을 때리거나 밀쳐도 된다고 여기겠지요. 물론 정당방위라는 것도 있지만, 여기서는 변명을 하며 자신의 모든 행동들을 합리화시키는 것을 이야기하는 것입니다.

한편 지나치게 도덕성을 강조하면 아이에게 죄책감을 심어주게 됩니다. 어떤 부모는 도덕성을 열심히 강조하다 보니 부모 기질에 따른 규칙이 바로 도덕성의 잣대가 되기도 합니다. 물론 규칙을 강조해서 도덕성만큼은 아이에게 확실히 가르칩니다. 아이는 남에게 피해를 주거나 사회적 질서를 깨는 행동은 절대 하지 않겠지요. 그러나 모든 상황을 도덕적인 상황으로 확대 해석해서 '사소한 행동에도 자신이 이기적이었다든지 잘못했다는 식으로 자책할 가능성'이 많습니다. 부모로 인하여 아이가 세상을 힘들게 살게 될 수도 있는 것입니다.

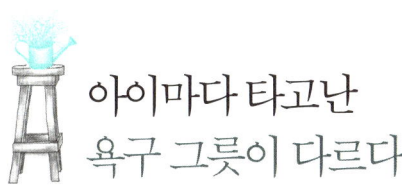
아이마다 타고난 욕구 그릇이 다르다

아이를 잘 키우려면 다음 세 가지가 잘 어우러지게 해야 합니다. 그 세 가지는 도덕성과, 기질과, 욕구의 충족 여부입니다. 이 중 어느 하나라도 부족하면 인성 혹은 품성이 원만해지기 어렵습니다. 아이의 욕구가 잘 충족되어야만 도덕성도 발달하고, 기질의 좋은 점들이 발휘가 됩니다. 그런데 어떤 아이들의 욕구는 기질에 따라 그릇이 크고 어떤 아이는 작기도 합니다. 어떤 부모는 욕구의 그릇이 큰 아이를 만나 훨씬 힘겹게 아이를 키웁니다. 어떤 의미에서는 참 슬픈 현실입니다. 하지만 아이의 욕구 그릇이 크다고 해서 마냥 끝없이 채워야 하는 것은 아닙니다. 분명 끝이 있습니다. 게다가 욕구의 그릇이 잘 채워지면 그릇이 큰 만큼 꿈도 클 수 있습니다. 안정감도 더 커지고요.

아이 기질이 중요하긴 하지만 부모의 역할이 뒷전이 될 수는 없습니다. 그런데 많은 경우 부모들이 문제가 생기면 아이의 기질 때문이라고 쉽게 말합니다. 틀린 말은 아니지만 다른 사람도 아닌 부모가 아이 기질을 문제 원인의 1순위로 말할 수는 없습니다. 부모로서 자녀의 기질을 인정하고 채워나가는 노력을 했다면 '기질 때문'이라는 말이 어느 정도 이해됩니다. 하지만 기질을 인정하지 않고 부모의 기질대로 아이를 키우면서 마음대로 되지 않을 때 기질 탓을 하는 부모의 경우는 좀 다릅니다. 부모가 아이 기질의 핵심을 만들진 않지만, 부모 태도에 따라 기질이 더 부정적으로 나아갈 수 있기 때문입니다.

아이는 태어나 부모의 양육을 받고 자랍니다. 그러면서 아이 기질과 환경이 상호작용하여 점점 기질이 변화해갑니다. 환경이 기질을 적절하게 받쳐 주지 못하면 기질의 부정적인 부분이 두드러질 것입니다. 부모가 아이 기질을 원하는 대로 정할 수는 없지만 양육하면서 기질에 군더더기를 붙여서 또 다른 기질처럼 만들 수 있기 때문에 아이 문제를 '기질 때문'이라고 핑계대지는 말았으면 합니다.

2장

내게서 점점 멀어져 가는 아이, 붙잡을 방법은 단 한가지다!

― 상담실에서 엄마들이 가장 심각하게 토로하는 4가지 기질 이야기

속도

행동이 빠른 사람과 느린 사람이 같이 있으면
서로 불편함을 느낍니다.
서로 다르다는 생각보다는 '싫다, 불편하다' 같은
강한 거부감이 앞서지요.
이상하게도 부모와 아이의 행동 속도가
서로의 감정을 건드립니다.
심지어 오해와 갈등이 생기기까지 하지요.

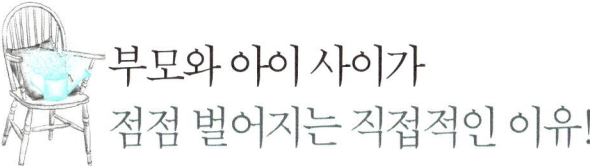
부모와 아이 사이가
점점 벌어지는 직접적인 이유!

여기서는 속도 키워드로 기질을 살펴보려 합니다. 나와 아이의 속도가 대체 어떻게 다를까요? 여기서 아이의 속도는 두 가지로 나눌 수 있습니다. 바로 발달(성장) 속도와 행동의 속도입니다. 기질에서 속도를 다루는 게 다소 엉뚱해 보일 수 있지만, 속도는 기질의 근간을 이룹니다. 게다가 속도에 따라 아이의 환경과 상호작용 경험이 달라질 수 있습니다. 먼저, 발달(성장) 속도부터 살펴봅시다. 아이의 성장 속도를 접하는 내 속도는 어떤지도 한번 생각해봅시다.

아이가 태어났습니다. 내 아이가 태어났을 때 느낀 생명의 신비와 감격을 기억하실 것입니다. 모든 부모는 아이에 대한 기대를 가집니다. 그리고 아이와 즐거운 생활을 상상합니다. 그것만으로 벌써 행복해지지요.

그런데 문제는 아이가 하루하루 자라면서 시작됩니다. 아이마다 성장 속도가 좀 다릅니다. 아이가 태어날 때는 몸무게나 키가 친구 아이나 옆집 아이와 비슷했는데, 자라면서 점차 차이가 납니다. 다른 엄마들과 '아이와 눈 맞춤을 언제 했는지', '엄마' 소리를 언제 했는지' 같은 대화를 나눌수록 점점 불안해집니다. 왠지 우리 아이가 좀 느린 것 같다(너무 빠른 것 같다)는 생각 때문입니다.

성장 속도에서 부모님들이 가장 많이 비교하고 걱정하는 부분은 크게 세 가지입니다. 아이가 말하는 것(언어의 표현)과 글을 언제 읽었느냐(학습 측면)와 부모와 잘 떨어져서 놀이방을 일찍 가주느냐(사회성)입니다. 이 부분에서 속도 차이를 느끼는 건 예컨대 다음과 같은 상황입니다. 다른 아이들은 이제 뛰어다니는데, 우리 아이는 아직도 기어 다닌다면 부모가 걱정을 하게 되지요. 이 속도 차이를 과연 앞섬과 뒤쳐짐으로 봐도 되는지와 상관없이, 부모들은 아이의 속도 차이를 다르게 평가합니다.

아이의 성장 속도가 기질과 무슨 상관이 있느냐고 생각할 수 있습니다. 하지만 성장 속도와 기질의 연관성은 큽니다. 아이는 성장 속도에 따라 경험을 쌓게 되고, 그 경험들의 일부가 아이의 기질을 만들어가기 때문입니다. 즉, 속도가 빠른 아이(조기 성숙) 기질과 속도가 느린 아이(대기 만성형) 기질은 단순히 아이가 타고난 것만은 아닙니다. 아이의 속도를 받아들이는 부모의 태도(환경)와 서로 작용하면서 기질이 만들어지는 겁니다.

아이가 뭔가 빨라 보이면 부모는 욕심이 납니다. 또래보다 앞서 나가 이것저것 경험시키고자 하지요. 반대로 또래보다 느리면 아이를 얼른 이끌고 나갑니다. 성장 속도에 대해 부모가 느끼는 불안감 혹은 으쓱함이 아이의 기질을 만들어갑니다.

부모가 꼭 알아야 할 것은 어릴 때 조기 성숙을 보인 아이들이 나중에 남들보다 항상 앞서 있지는 않다는 겁니다. 기질 면에서 볼 때 성장 속도가 빠르다고 좋거나 가치 있는 것이 아니며, 느리다고 나쁘거나 가치 없는 것이 아닙니다. 속도가 아이 인생의 행복에서 우선순위는 아니겠지요. 하지만 만약 부모가 아이의 속도에 대해 이런저런 가치 평가를 한다면, 아이는 어릴 적부터 '느리다(혹은 빠르다)'는 것을 부정적으로 받아들이게 될 것입니다. 그 결과 남보다 항상 빨리, 더 높이(반대라면 느리게)를 외치며 살게 되겠지요.

그렇다면 아이의 속도가 빠를 경우와 느릴 경우 부모에겐 어떤 일이 일어날까요?

부모의 바람대로 아이가 빨리 성장하는 게 과연 좋을까?

아이 발달이 빠르고 말이 빨리 트일 경우 부모가 훨씬 수월해진다고 여길 겁니다. 실제로 아이가 부모의 이야기를 곧잘 듣기도 하고요.

하지만 부모가 자기도 모르게 아이를 큰 아이처럼 대할 수 있습니다. 아이가 부모의 말을 잘 알아듣기 때문에 부모들이 아이의 욕구를 채워주기보다는 대화로 넘어가버리는 일이 생긴다는 겁니다. 그러다 보면 아이는 점점 자신의 욕구를 억누르는 일이 잦아지고, 짜증이 늘거나 징징거리는 일도 많아집니다.

한편 성장 속도가 빠른 아이들 중에 상당히 활동적인 아이들도 많습니다. 활동이 과해서 산만해 보이기도 하지요. 그러다 보니 부모가 아이의 활동성을 적절히 맞춰주기 어려워합니다.

반대로 아이의 속도가 느리다면 어떨까요? 사회적 상황에서 적응 속도가 느린 아이들은 어린 시절에 부모가 고생을 좀 합니다. 유치원도 늦게 가고, 활동도 덜 적극적인 것 같아 답답해지지요. 하지만 부모가 이런 아이의 기질을 받아들인다면, 아이는 점점 안정적으로 자라납니다. 여유 있는 품성으로 자라게 되는 것이지요. 간혹 어떤 아이는 잠도 많이 자고, 순해서 부모가 내버려두는 일이 생길 수도 있습니다. 아이의 속도가 다소 느리다면, 부모는 아이를 혹시 방치하고 있지는 않나 항상 유의해야 합니다.

느림의 미학에 대한 이야기를 많이 합니다. 어릴 때는 느린 것이 답답하고 불안할 것입니다. 하지만 인생을 길게 보는 시야를 가져야 합니다. 부모는 더욱 그렇습니다.

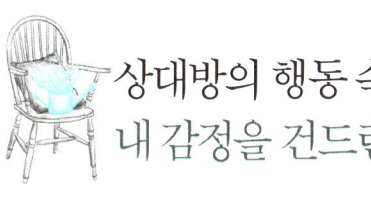
상대방의 행동 속도가
내 감정을 건드린다

행동이 빠른 사람과 느린 사람이 같이 있으면 서로 불편함을 느낄 것입니다. 서로가 다르다는 것을 느끼기보다 '싫다. 불편하다'라는 느낌이 강할 겁니다. 가족이라면 더 적나라하게 느끼겠지요. 이상하게도 상대방의 행동 속도가 서로의 감정을 건드립니다. 심지어 화가 나게 되기도 합니다.

사람마다 자신의 생각과 내면을 표현하는 방식이 다릅니다. 기질에 따라 표현을 빨리 하는지, 느리게 하는지도 다르지요. 그 차이를 인지하고 받아들이지 않으면, 서로 오해가 생깁니다. 실제로도 느린 사람은 빠른 사람을 '정신없고, 신중하지 못하다'고 생각하고, 빠른 사람은 느린 사람을 '답답하고, 둔하다'고 생각하는 일이 많으니까요.

　이제 각자를 위한 변명을 들어보도록 합시다. 빠른 사람의 속내와 시야, 환경은 느린 사람의 생각을 벗어납니다. 물론 그 반대도 마찬가지구요. 오해를 없애고 조화를 위해 우리는 서로의 변명을 마주할 필요가 있습니다.

　빠른 기질의 사람은 '빠름'에 통쾌함을 느끼고 가치를 둡니다. 모든 삶의 우선순위를 빠른 것에 두고 있기 때문에 생활이나 삶의 태도가 마치 경주에 임하는 것 같습니다. 이런 사람들 눈에는 느린 행동과 사고가 뒤처진 것으로 보이겠지요.

　행동만큼 생각도 재빠르게 하는 편입니다. 결정도 오래 고민하지 않고 해버리는 편이고 행동으로 옮기는 것도 빠릅니다. 그래서 옆에서 보면 뭐든 쉽게 해결하는 것 같아서 주변의 부러움을 사기도 하지요. 이런 주변의 시선 덕분에 스스로 으쓱해지기도 합니다. 상담 현장에서 빠른 기질의 분들을 만나면 뭔가를 시원시원하게 빨리 정하는 모습을 봅니다. 대화를 하다 보면 "그래서 어떻게 하라는 거죠?"라며 성급하게 '결론을 말해주기'를 기대하지요. 그렇다 보니 전후 설명이 길지 않고 '이렇게 하라' 식의 결론 위주로 말합니다. 설명도 짧고 두 번 되풀이하지 않게 명쾌하게 합니다. 대신 다른 사람들의 말이 조금 길어지면 견디기 힘들어서 남의 말을 중간에 끊기도 하지요. 다른 사람의 말을 다 듣지도 않고 재차 묻기부터 합니다.

　때론 빠른 기질의 사람들 가운데 언어 표현이 적은 분이 계십니다.

이분들은 행동이 먼저 나와 '욱한 성격'으로 보입니다. 화를 잘 내는 만큼 빨리 수그러지기도 하고, 스스로 '뒤끝 없다'고 이야기합니다.

그렇다면 느린 기질의 사람은 어떠할까요? 이분들은 빠른 기질과 반대로 삶의 가치를 여유에서 찾습니다. 그래서 빠르게 가기보다 천천히 즐기면서 가기를 원합니다. 걸음걸음에 의미를 두려고 하죠. 사람의 인격을 여유가 있는지 없는지로 평가하기도 합니다. 그렇기 때문에 빠른 행동을 '경박스럽다'거나 '정신없다'고 생각하지요.

느린 기질은 성과보다 과정을 더 중시합니다. 비록 성과는 느리지만 과정에서 얻는 사소한 것들도 놓치지 않습니다. 그 덕분에 중요한 것들을 놓치지 않습니다. 느린 기질의 사람들은 시간제한이 없는 상황에서 더 자신의 장점을 발휘합니다. 빨리하는 것보다 일의 완성도가 높지요. 실수도 적습니다. 그러나 만약 누군가가 다그치면 힘들어서 오히려 일을 망칠 수도 있습니다. 다른 사람이 보면 뭔가 하고는 있나 싶을 정도로 느려 보이지만, 이들은 머릿속으로 계속 생각을 하고 있지요. 신중하게 결정하기 때문에 시간이 많이 걸리는 것뿐입니다.

누구나 바쁘게 살아가는 세상에서 '느림의 미학'은 또 다른 가치로 떠오르고 있습니다. 하지만 가정에서 이 느림을 마주하면 어떤 느낌일까요? 우리 아이가 느리고 여유 있게 행동한다면요? 현실적으로 부모들은 조급함과 답답함을 느낄 수도 있습니다.

매일 아침, 전쟁에 시달리는
빠른 엄마와 느린 아이

매일 아침 아이를 학교 혹은 유치원에 보내기 위해 부모는 전쟁을 시작합니다. 시간은 정해져 있는데 아이는 부모 마음처럼 움직여주지 않습니다. 아무리 깨워도 벌떡 일어나지 않고 세수도 느릿느릿, 결국 엄마 입에서는 잔소리가 나오게 됩니다. 이런 상황을 즐기는 부모는 없습니다. 아이에게 잘해주려 하지만 아이가 학교에 갔다 와서 자기 할 일을 제대로 하지 못하는 모습을 보면 또 잔소리를 하게 됩니다. 엄마는 자신이 마치 "학원에 일찍 가라, 숙제 얼른 해라"라는 말을 입에 달고 사는 것 같습니다. 이렇게 엄마한테 야단을 들어서 아이가 빨리 행동하면 좋으련만 아이는 오히려 더 느려집니다. 그러다 보니 야단의 강도는 세집니다. 시간이 흘러갈수록 아이의 행동은 느려지면서 점점 할 생각도 하지 않는 듯 보입니다. 이러한 과정을 겪고 마침내 아이가 의욕도 잃은 듯해서 상담소에 오는 부모들이 꽤 많이 있습니다. 어느 집에서나 흔히 일어나는 이 일상에서 과연 어떤 문제가 있었던 걸까요?

빠른 기질의 엄마는 야단도 속사포입니다. 그런데 느린 아이는 멍하게 있습니다. 엄마가 너무 빨라서 받아들이기 힘들기 때문이지요. 사실 엄마의 말이 떨어지기 무섭게 행동하는 아이는 없지만 엄마는 그걸 기대합니다. 느린 기질의 아이는 엄마에게 천천히 다가와서 이런 식으로 이야기합니다. "엄마 있잖아, 오늘…, 음…, 학교에서…, 선생님이…." 그러면 엄마는 "도대체 무슨 이야기를 하려는 거니?" 식으로 받습니다. 아이는 천천히 말을 꺼내다 엄마의 핀잔을 듣고 '엄마는 내 말을 잘 안 들어줘.'란 생각을 하게 되는 거지요. 엄마 앞에 서면 긴장하게 되어 멍해지는 것입니다. 때로는 말을 더듬기도 하고 이말 저말 두서없이 하게 되어 또 야단을 맞는 일이 반복되지요.

이처럼 **빠른** 엄마가 느린 아이의 특징들을 인정해주지 않으면 다음과 같은 문제가 생깁니다.

▶ 천천히 하던 행동이 지나치게 느려지거나, 제 시간에 할 일을 못하게 됩니다.

▶ 자기표현을 아예 하지 않게 됩니다. 이것은 공부 상황에서 '학습

거부증'까지 발전할 수도 있습니다. 더 나아가 우울증까지 생길 여지가 있습니다. 아이의 우울증은 자신도 모르게 짜증이나 멍한 태도로 나타나는 경우가 많습니다.

빠른 기질의 엄마를 위한 현실적 대안

만약에 누군가 부모 자신에게 빠른 것이 나쁘니까 천천히 행동하라고 요구한다면, 부모도 무척 답답할 것입니다. 빠른 기질의 부모는 느린 기질의 아이가 여유 있는 상황, 느리게 행동하는 것을 더 편히 여긴다는 걸 인정해야 합니다. 하지만 때론 마냥 그냥 둘 수 없을 때도 있습니다. 시간이 촉박한데 아이가 느리게 행동할 경우는 도대체 어떻게 해야 할까요?

일상생활에서는 우선 무조건 준비 시간을 길게 잡는 것이 좋습니다. 예컨대 매일 아침 시간이 촉박하지 않게 일찍부터 아이를 깨우십시오.

아이가 가까스로 눈을 떴다고 해서 몸이 잠에서 깨어난 것은 아닙니다. 수면을 연구하는 학자들은 우리 몸이 잠에서 깨어나는 시간은 의식이 깨어난 이후 한 시간 정도가 지나는 시점이라고 합니다. 보통 사람들도 이런 특징이 있는데, 하물며 느린 아이는 더 할 것입니다. 그렇기 때문에 평소보다 1시간에서 최소 30분 전부터 아이를 깨우는 습관을 들이십시오.

잠에서 깨는 데는 빛이 가장 효과적입니다. 아이가 아침 7시에 일어나야 한다면 6시부터 불을 켜놓으십시오. 라디오나 아이가 좋아하는 음악을 틀고, 창문을 열어 환기시키고, 아이의 얼굴을 쓰다듬으면서 가까이에서 이름을 부르십시오. 그래서 아이를 잠에서 아침으로 천천히 초대하십시오. 그렇게 하면 아이의 행동이 훨씬 빨라지지는 않지만 아이의 템포대로 흘러갈 수 있습니다.

그런데 어떻게 아이보다 더 일찍 일어나서 깨우냐구요? 아침밥을 해주기도 바쁜데…. 하지만 아이와 같은 시간에 일어나서는 아침 시간을 평안하게 보낼 수 없습니다. 식사를 할 때도 느린 아이에게는 시간을 넉넉하게 주세요. 대신 아침 식사량을 너무 많이 주지는 마십시오. 빠르게 먹을 수 있는 메뉴를 찾아보는 한편, 아이에게 빨리 먹으라는 재촉은 금물입니다. 재촉할수록 아이는 빨라지지 않거든요.

아이가 움직여야 할 시간이 되면 "이제 양치할 시간이네."라고 다음 행동을 이야기해주세요. 세수하러 들어갔을 때 시간이 좀 걸리더라도 옆에서 엄마가 지켜보면서 친절하게 "세수해야지."라고 말하고 구체적인 행동을 이야기해주세요. 그래야지 아침에 시끄럽지 않습니다. 이런 일들이 반복되면서 점차 말하는 횟수를 줄이고, 어느 정도 속도가 되면 "세수하자."라고 이야기해준 뒤 몇 분 후에 "다했니?"라고 물어보면 됩니다. 속도가 느린 아이를 처음부터 혼자 하게 하면 야단만 맞고 해결은 되지 않습니다. 아이를 도와주면서 서서히 속도를 조절하게 해야 합니다.

아이가 딴짓을 하느라고 꾸물거리는 것과 행동을 천천히 하는 것은 분명히 구분해야 합니다. 만일 아이가 천천히 행동하는 것을 못 참아서 오랜 기간 실랑이를 해왔다면 그 아이는 점점 딴짓을 하고 꾸물거리는 행동도 같이 보일 것입니다. 이것은 아이가 타고난 기질이 부모에게 받아들여지지 않았을 때 드러나는 문제 행동입니다. 그래서 부모가 한두 번 노력하는 것으로는 해결되지 않습니다.

아이의 공부 앞에서 초조해진다면…

느린 기질의 아이가 공부 시간에 감당할 만한(엄마의 기준이 아니라) 공부 양으로 조정하십시오. 물론 아이에게 "너 오늘 얼마만큼 할 수 있니?"란 질문을 하고 그 대답을 토대로 분량을 잡아야 합니다. 엄마가 원하는 공부 양이 아니어도 아이가 할 수 있는(대답한) 것을 존중해주십시오. 아이 혼자서 너무 오랜 시간이 걸린다면 이것은 느린 것 이상의 문제가 있다는 신호이기도 합니다. 엄마가 아이 옆에서 조금씩 도와 학습시간이 효율적이라면 엄마가 한두 마디 거들어도 됩니다. 만약 엄마와 같이 하면 소리만 높아지는 상황일 경우 제 삼자의 도움을 구하십시오. 아빠에게 맡길 수도 있고, 학습지 교사나 과외, 학원 등의 도움을 받을 수 있을 것입니다. 그들에게 아이의 특성을 충분히 이야기하고 기다려 줄 것을 부탁하면서 말입니다.

아이의 느릿한 말을 듣기가 무척 답답하겠지만 아이가 하는 말을 끝까지 다 들어주십시오. 자신의 말을 들어주는 엄마를 보면서 아이는 그동안 '나는 빠르지 않아서 모자란다.'라고 생각한 부분을 바꿀 수 있습니다. 내 말을 들어주는 엄마의 태도, 표정을 통해 아이는 인정받는다고 느낍니다.

빠른 기질의 엄마가 아이의 말을 들어주기 위해서는 우선 엄마의 심리적인 안정이 중요합니다. 만약 처리해야 할 일들이 있다면, 아이가 학교나 유치원에 갔을 때 하고, 아이가 온 다음부터는 최소 몇 시간 정도 아이의 템포에 맞춰주는 준비가 필요합니다. 아이가 온 뒤에도 엄마가 바쁘거나 다른 엄마와 함께 볼일을 본다면, 아이는 자기 할 일을 더하지 않을 겁니다. 엄마 역시 자기 볼일 때문에 아이에게 지시만 내릴 뿐이라 아이의 느린 행동에 답답함을 더 느끼게 될 겁니다. 그렇기 때문에 가능하다면 아이가 온 다음에는 몇 시간 정도 아이에게만 집중해주세요.

사실 아이는 별로 느리지 않은데 워낙 엄마가 빠른 것을 좋아하다 보니까 아이를 다그치는 경우도 허다합니다. 객관적으로 우리 아이가 느린지를 비교해보십시오.

느린 아이의 특성을 잘 받아주는 집안 분위기도 중요합니다. 일주일에 한 번 또는 한 달에 하루를 '아주 천천히 하는 날'로 삼아보세요. 하루가 힘들다면 단 몇 시간이라도 좋습니다. 온 식구들이 걷는 것도, 밥 먹는 것도 여유를 가지고 천천히 해보는 겁니다. 이 날은 상당히 재미있는 날이 될 수도 있습니다. 다만, 이것을 느린 행동이 틀렸다는 것을 가르치기 위해 하지는 마십시오. 느린 기질도 있음을 함께 경험하고 받아들이기 위해 하는 것입니다. 이것을 즐긴다는 것 자체로 아이가 '엄마, 아빠, 우리 가족이 나를 이해해주고 있어.'란 기분이 들게 되기 때문입니다.

혹시 이렇게 하면 아이가 더 느려질까 봐 걱정이 되나요? 많은 부모님들이 아이의 느린 특성을 받아 주면 더 느려질까 봐 막연히 불안해합니다. 그런데 느린 특성을 인정하고 잘 받아주면, 굼벵이가 되는 것이 아니라 '선비'가 됩니다. 다시 말해, 느림의 장점이 안정적으로 자라게 된다는 것입니다. 아이는 자신의 일을 안정적으로 해내고, 꾸준한 지구력을 키워나갈 것입니다. 느린 거북이도 육지에서는 더디지만 바다에서는 빠릅니다. 즉 아이가 자신이 있을 곳을 제대로 찾으면 속도에 대한 답답함은 문제되지 않는다는 것입니다.

느긋한 엄마가 꼭 알아둬야 할 '아이의 필수 요구'

 엄마가 느린 기질이라면 아침 전쟁이 쉬워집니다. 오히려 빠른 기질의 아이가 엄마를 재촉하는 상황이 되죠. 아이는 "나 빨리 밥 먹고 나가야 한다구!"라며 엄마를 채근하고 준비물을 빨리 내놓으라고 성화죠.

 느린 엄마는 아이의 속도에 끌려 다닐 수 있습니다. 빠른 기질의 아이는 성마른 아이처럼 잘 보채거든요. 가뜩이나 느린 기질의 엄마는 아이의 재촉에 반응하기도 힘겹습니다. 아이가 '빨리 해달라'고 떼를 쓰면 엄마가 보기에 '별것도 아닌데 왜 자꾸 급하게 저럴까?'라는 의구심이 듭니다. 그래서 대충 넘어가지요. 아이는 엄마의 이런 반응에 울거나 짜증을 심하게 부립니다. 엄마 눈에는 아이가 그저 참을성이 없어 보입니다. 그렇다 보니 엄마는 아이에게 "제발, 천천히!"라는 말을 자주 합니다. 아이가 뭐든 빨리 하려다 보니 실수가 자주 있어서 이런 부탁을 안 할 수가 없지요. 하지만 그렇다고 아이 요구를 모두 지나치면 아이는 더 급하게 변할 수도 있습니다. 어릴 때부터 아이의 요구에 부모가 늦게 반응하면 아이는 이런 경험으로 인해 더 조급해집니다. 그러다 보니 커갈수록 더 급한 아이로 변하게 됩니다.

느린 기질의 엄마는 급한 것이 없기 때문에 아이의 요구를 자기 관점에서 해석합니다. 빨리 해줘야 될 것도 뒤로 미루게 되지요. 이 경험이 반복되면 아이는 엄마에 대한 신뢰감에 의문을 품습니다. 그리고 자신이 해결하려 들지요. 언뜻 보기에 아이의 자율적인 행동 같지만, 사실 부모를 믿지 못하는 행동인 것입니다. 엄마만 못 믿는 게 아니라 느린 기질의 선생님이나 친구들도 받아들이지 못합니다. 아이는 모둠 활동에서도 느린 친구의 일을 대신하기도 합니다. 선생님이 설명할 때 끼어드는 일도 생기지요.

빠른 기질의 아이는 공부할 때도 빠른 걸 추구하기 때문에 사실 엄마는 편합니다. 아이가 먼저 "문제집을 사달라, 학원을 다니겠다." 등의 요구를 하는 거지요. 그런데 엄마가 이 요구에 늦게 대응해준다면 아이는 충동적인 모습을 보일 수 있습니다. 몇 년에 걸쳐 엄마가 타이밍을 놓친 일이 쌓이면서 아이는 학습 문제도 빨리 대충, 학원도 얼른 대충, 즉 뭐든 대충, 빨리 하는 행동을 보이게 됩니다.

이처럼 아이와 엄마의 타이밍이 너무 멀어지기 전에 소통하는 노력이 절실히 필요합니다. 하지만 아이가 말을 **빠르게** 하기 때문에 엄마는 대충 들을 때가 많습니다. 아이가 "내가 뭐라고 했어?"라고 되물어 보면 엄마는 "좀 천천히 말해 봐."라고 대꾸합니다. 아이가 다시 말해도 엄마는 습관처럼 대충 듣지요. 그러다 보면 아이는 엄마가 자기의 말을 안 들었나 싶어서 또 다른 요구를 합니다. 엄마 눈에는 아이가 이것저것 요구사항을 바꾸는 변덕쟁이처럼 보일 것입니다. 그저 속도의 차이일 뿐인데 이처럼 엄마와 아이가 소통하기가 영 쉽지 않습니다. 일상생활에서도 마찰은 자주 일어납니다. 느린 기질의 엄마는 집안일이나 자신의 일에도 여유를 갖기 때문에 아이가 학교나 어린이집에서 온 다음에도 자기 일을 마치지 못한 상태일 경우가 많습니다. 일이 남은 엄마는 아이의 요구를 제대로 듣기 힘들겠지요. 결과적으로 아이가 엄마에 대한 불만이 쌓이게 되면서 스트레스를 받고 그 결과 조급함이 더욱 커지는 겁니다. 이처럼 느린 기질의 엄마와 **빠른** 기질의 아이가 너무 자주 충돌하면 어떤 문제가 일어날까요?

▶ 느린 엄마와 **빠른** 아이 사이의 악순환이 지속되면 **빠른** 아이는 **빠른** 수준이 아니라 매우 급하거나 충동적으로 변할 가능성이 많습니다.

▶ 아이는 남의 상황과 말을 끝까지 듣고 이해하지 못하는 성격이 될 수 있습니다. 조금이라도 지체하는 상황을 짜증으로 받아들

이고 상당히 불안정해집니다.
- ▶ 아이는 집중력이 짧고, 산만해집니다.
- ▶ 아이는 빠르지 않은 사람을 무시하는 태도를 보일 수 있습니다. 이로 인해 친구관계에서 상처를 줄 여지가 커집니다.

느긋한 엄마라면 빠른 아이를 위해 몇 가지만 준비하자

아침 시간에는 부모의 느긋함을 좀 미뤄두어야 합니다. 너무 여유를 부려서 '좀 늦어도 괜찮아'란 생각은 아이에게 용납되지 않거든요. 부모는 미리 준비하기 위해 아이에게 "몇 시에 일어날래? 학교에는 몇 시에 갈거니?" 같은 질문을 하고 아이의 요구에 맞춰주세요. 아이가 원하는 스케줄과 준비물을 미리 챙겨주세요. 그래야 아이가 보채는 일이 없고, 아이의 조급함도 줄어듭니다. 느긋함은 아이가 없는 시간에 즐기세요. 방과 후나 아이가 집에 돌아오면 몇 시간이라도 아이 요구에 귀 기울여야 합니다. 그때만큼은 엄마의 일을 제쳐두고 말입니다.

제일 중요한 것은 아이의 어떤 요구든지 즉각 반응하는 것입니다. '즉각적'이라는 것을 좀 더 포괄적으로 보면 아이의 요구 자체가 '별 것 아니라도' 의미 있게 반응하라는 얘기입니다. 아이는 "엄마, 나 이런 모양이 있는 필통이 필요한데, 이거 다른 친구들도 가지고 있고 나도 갖고 싶은데…. 이게 있으면 연필 넣기도 좋고, 가지고 다니기도 좋고…." 식으로 무척 빠른 시간에 자기표현을 합니다. 이럴 때 필통을 바로 사주는 것보다 우선되어야 할 것이 있습니다. 바로 "필통?", "친구도 있어?"라는 아이 말을 잘 듣고 있다는 '반응'입니다. 만약 아이 말이 너무 두서 없고 빨라서 못 알아듣겠다면 엄마는 "이런 이야기니?"라고 되묻고 "조금 천천히 이야기해주면 엄마가 더 잘 알겠는데…."라고 잘 듣고 싶어 하는 태도를 표현하십시오. 이 즉각적인 반응으로 아이에게 신뢰감을 회복할 수 있습니다. 그리고 되도록 아이의 요구를 처음에 즉각 들어주려 하십시오. 아이가 "엄마! 엄마!"를 부르면서 자기 이야기를 할 때면 모든 일을 멈추고 우선 아이의 말을 들어주세요.

빠른 기질의 아이는 공부하다가 자기 마음대로 되지 않으면 짜증을 부리고 쉽게 포기할 수도 있습니다. 제일 중요한 것은 아이가 할 수 있는 분량 이상을 내주지 않는 것입니다. 잘한다고 아이의 학습 분량을 늘리기 시작하면, 아이는 빨리 끝내고 싶다는 생각에 부담과 짜증이 늘 수도 있음을 명심하십시오.

혹시 엄마가 아이를 받아주기가 너무 힘겹고 의욕이 없다면 스스로 점검해보십시오. 혹시 우울 증세가 있지는 않은지 말입니다. 만약 아이에게 노력하는 것이 싫거나 힘겨운 정도가 심하다면 전문기관의 도움을 받는 것이 좋습니다.

부모가 노력하면 할수록 아이는 마음의 여유를 가지게 되고 조급하게 행동하지 않을 것입니다. 그리고 빠른 기질의 장점을 살리게 되지요. 아이는 빠르고 정확하게 일 처리를 하되, 급해지지 않습니다. 그리고 자신보다 속도가 느린 사람을 잘 참아낼 수 있게 됩니다.

고집

두 돌 무렵, 아이는 고집을 드러내기 시작합니다.
아이의 고집 앞에서 당황하지 않는 부모는 없을 겁니다.
아이의 고집을 마냥 나쁘게만 볼 것은 아닙니다.
고집은 '개성의 다른 말'이기도 하니까요.
그런데 아이마다 고집이 강한 기질,
유순한 기질이 있다는 걸 아시나요?

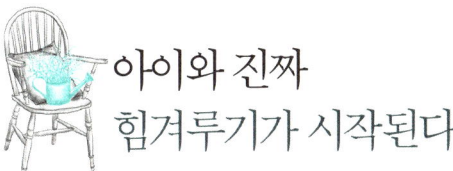
아이와 진짜 힘겨루기가 시작된다

예전엔 고집을 별로 좋은 것으로 여기지 않았습니다. 우리나라 속담에도 '세 살 버릇 여든까지 간다'는 말이 있습니다. 세 살 버릇은 고집스러운 행동을 의미합니다. 위계질서가 뚜렷하고 말 잘 듣는 아이를 원하는 부모 입장에서는 고집이 센 아이는 썩 반갑지 않을 겁니다. 전문가들이 아무리 고집이 잘 자라면 좋은 기질이 된다고 말해도 부모 입장에서는 아이의 센 고집이 마냥 좋지는 않지요.

아이들 가운데도 유순한 아이가 있고, 개성이 강한 아이가 있습니다. 개성이 강한 아이를 키우는 것은 상당히 힘이 들지요. 주변 상황과 관계없이 떼를 쓰고 고집을 피워서 아이를 데리고 나가기도 꺼려질 때가 많습니다. 반면, 개성 면에서 볼 때는 개성이 없는 편보다 개성이 강한 편이 더 좋은 평가를 들을 때가 많습니다. 뚜렷한 생각을 갖고 자기표현을 하는 아이는 뭔가 있어 보이니까요.

많은 사람들이 아이 고집에 관해 다양한 조언을 해주는데, 부모는 이 조언에 혼란을 느낄 때가 많습니다. 우리 아이에게 일반적인 방법들이 들어맞으면 다행인데 그렇지 못할 경우가 다반사이기 때문입니다. 우리 아이를 어떻게 키워야 할지 알기 위해 '고집'이라는 기질의 특징을 먼저 살펴봐야 합니다.

고집이 센 아이는 다른 사람들에게 자기 의견을 피력하지 않으면 마음이 무척 불편해져서 쓸데없는 고집만 피우게 되지요. 말과 행동이 단호하고, 유야무야한 결론을 받아들이기 힘들어합니다. 자신의 의견이 무시되는 것은 너무 싫어하구요. 표현이 직설적이어서 미움을 사기도 합니다. 이기고 지는 것에 대한 욕구가 강해 쓸데없는 갈등 상황을 만들어서 자신의 존재를 확인해보려는 행동도 합니다. 고집 즉 자기 생각(개성)이 너무 강하면, 주변 사람들이 불편해할 수도 있다는 것이지요.

그렇다면 유순한 아이는 어떨까요? 이 기질은 주변 상황에 각을 세우는 것 자체를 불편해합니다. 자기 의견을 잘 드러내지 않고, 의견을 내더라도 부드러운 방법으로 합니다. 나 자신을 드러내기보다는 관계를 훨씬 중시하기 때문에 성격이 좋다는 소리를 많이 듣습니다. 남의 말을 잘 들어주기 때문에 다른 사람이 편안함을 느낍니다.

하지만 유순한 기질도 표현 욕구가 없는 건 아닙니다. 단지 더 주된 것이 '어우러짐'인 것이지요. 유순한 사람은 어우러짐에 대한 욕구가 있기 때문에 자신의 욕구에 방해되지 않는다면 힘을 행사하는 것에 별 관심이 없습니다. 즉 주변에서 억압하면 그냥 받습니다. 저항을 약간 할지라도 싸우기보다 '내가 참으면 모든 게 편한데.'란 생각으로 넘어가지요. 하지만 부모는 이것이 지나치면 아이에게 스트레스가 된다는 걸 알아두어야 합니다. 그냥도 평화주의자인 아이인데 주변에서 그걸 더 강요하면 아이는 '착한 아이 콤플렉스'에 빠질 수도 있답니다.

 # 쇠심줄보다 더 질긴
아이의 고집에 우는 부모들

　아이와 부모는 두 돌까지는 그런대로 잘 지냅니다. 대부분의 아이들이 그러하듯이 고집이 강한 아이는 두 돌 전후로 해서 자신의 기질을 드러내기 시작합니다. 그러면서 유순한 성격의 부모가 고집이 강한 아이 때문에 상처받는 일들이 생기지요. 아이는 사소한 일에도 자신을 드러냅니다. 옷도 자기가 원하는 옷만 입으려 하고, 머리 모양도 자기가 원하는 대로 해야 합니다. 엄마의 설득도 무용지물이지요. 과자가 있으면 자기 것이든 남의 것이든 자기가 나누어주려 합니다. 식구들과 밥 먹을 때도 자기 허락을 맡고 반찬을 먹게 합니다. 뭐든 "내가, 내가"라고 외치지요. 엄마가 도와주려고 하면 오히려 "내가 할 수 있는데 엄마가 왜 그래?'라며 화를 냅니다. 학교에 가기 전에 아이의 이런 고집은 극에 달합니다. 무언가를 시키면 '내가 할 건데 엄마가 먼저 말했다'는 이유로 아예 하지 않습니다. 고집이 센 아이는 원하는 것이 있으면 포기를 안 하기 때문에 누가 보든 말든 부모에게 요구하고 떼를 씁니다.

유순한 엄마 입장에서는 동네 창피해서 아이와 다닐 수가 없습니다. 엄마는 때론 '내가 뭘 잘못해서 우리 애가 저러나' 싶은 생각에 속이 상합니다. 아이의 고집을 이길 재간이 없어 늘 들어주게 되니, 엄마는 아이에게 끌려 다니는 것 같아 자존심도 상하지요. 마음을 독하게 먹고 아이 앞에서 강해지려 하지만, 유순한 엄마의 경우 이것이 오래 가지 못합니다. 남의 옷을 입는 것처럼 어색하고 다른 사람에게 '애도 제대로 못 키우는 엄마'라고 비춰지는 것 같아서 점점 자신감이 없어지거든요. 상담 현장에서 많은 엄마들이 아이의 고집 때문에 울기도 합니다. 엄마 역할에 사표를 낼 수 있다면 사표도 던지겠다고 합니다.

그렇다면 아이의 마음은 어떨까요? 힘없는 부모에게 마음대로 했으니까 아이는 만족하고 있을까요? 대부분의 부모들은 그럴 거라고 생각합니다. 하지만 고집 센 아이들은 오히려 불만이 가득해져 있습니다. 부모들은 참 억울할 일이지요. 아이가 원하는 대로 다 해주었는데도 만족을 못 하다니요? 여기에 관해서는 아이가 고집을 피우는 상황, 즉 아이의 욕구가 왜 채워지지 않았을까에 주목해야 합니다.

욕구라는 것은 참으로 묘합니다. 욕구를 채운다고 해서 다 끝나는 것이 아닙니다. 배가 고파서 배불리 먹었다 하더라도, 눈치를 보는 상황에서 먹은 음식은 만족감이 덜합니다. 먹을 만큼 다 먹어도 뭔가 갈등 상황 속에서 먹는 것은 '충분히 먹었다'는 느낌이 들지 않는다는 것입니다.

이와 마찬가지로 부모가 아이 성향을 알아서 맞춰주면 고맙게 여기지만, 먼저 '안 된다'는 상황 속에서 아이가 고집을 피우고 떼를 써서 얻었다면 '받았다'는 고마움이 적다는 것입니다. 결국 싸워서 쟁취한 것은 고마운 것이 아니라 '내 노력'으로 얻은 결과이니 만족이 덜하지요. 부모에게서 이해받은 것이 아니라 싸워서 얻은 노력은 '받은 것'으로 여겨지지 않고 씁쓸함이 남습니다.

이런 일이 반복되며 유순한 부모 아래의 개성 강한 아이는 점점 고집스러운 아이로 낙인찍히고 주변의 비난을 들으며 자랍니다. '독한 아이'란 소리를 자주 듣게 되는 것이지요. 이런 환경은 아이의 고집 즉 개성을 다음처럼 점점 좋지 않게 키우게 만듭니다.

▶ 아이는 욕구를 채우기 위해 결국 고집을 피우거나 자기 마음대로 하려다 안 되면 트집을 잡는 식으로 행동합니다. 물론 이것은 서너 살 무렵 아이라면 누구나 나타나는 현상입니다. 그러나 성장하면서 점차 이 모습이 사라지는데, 오히려 더 강해지게 되는 것이지요.

▶ 아이는 친구관계에서도 자기 마음대로 하려 들고, 그렇지 않으

면 울거나 상대를 때리는 등의 공격적인 행동을 합니다. 심지어 학교에서 선생님도 자기 마음에 안 들면 반항하고 대들기도 하지요. 아이가 이런 성향으로 자라면 지속적으로 야단을 들을 수밖에 없습니다. 그러면서 아이는 알게 모르게 자신을 부정적으로 보는 사회를 적으로 여기고, 사춘기 무렵에는 감당하기 힘든 반항을 합니다.

▶ 잘못 나아갈 경우 '적대적 반항 장애'라는 문제를 보일 수도 있습니다. 아이는 자기 의견에 조금이라도 반대하는 걸 견디지 못하고, 싸움을 자주 합니다. 만약 심리적인 조건이 갖춰지지 않았을 때는 완력으로 리더(짱 혹은 일진)가 되려 합니다.

고집 센 아이가 원하는 건 결국 자기 존중

고집이 강한 아이들은 통제받는 걸 싫어합니다. 특히 아이가 주도성을 많이 표현하는 시기(두 돌~사춘기)라면 더 하겠지요. 이런 점에서 보면 유순한 부모 입장에서 고집 센 아이를 키우기가 쉬울 수도 있습니다. 아이의 고집을 인정하면 되니까요. 일상생활에서도 아이를 만들려 하지 말고, 아이가 하려는 것을 받아들이면 됩니다. 아이가 양치를 하든, 옷을 입든 혼자 해보려 할 때 기회를 주면 됩니다. 아이가 종종 일상생활 규칙을 벗어나거나 자기 식대로 바꿀 때도 있을 겁니다. 그렇다 하더라도 부모가 강요하지 않으면 일상생활 자체를 거부하지는 않습니다. 아이들은 '반대를 위한 반대'를 하는 경우가 많기 때문입니다.

유순한 부모가 가장 많이 하는 실수는 아이를 평소에 그냥 두다가, 자신이 갑자기 불안해지면 새로운 규칙을 만들어 아이에게 강요하다 하루 이틀 지나면 제풀에 지쳐 흐지부지되는 것입니다. 이것은 안 하니만 못한 행동이고 부모의 권위를 떨어뜨리는 일입니다. 유순한 부모는 그냥 자신의 성향대로 아이를 인정해주세요.

그리고 생활 전반에 걸쳐서 아이가 선택하고 결정하는 폭들이 넓어져야 합니다. 엄마가 치우기를 원하는 시간과 아이가 치우기를 원하는 시간이 다를 경우, 우선 아이가 원하는 시간으로 따라주세요. 이런 일들이 되풀이되면서 서로 타협안을 마련할 수도 있습니다.

아이가 원하는 것은 사실 행동 자체라기보다 자기를 존중해주는 것입니다. 예를 들어 아이에게 물어보지도 않고 아이의 방을 청소하거나, 아이의 장난감을 치우면 아주 난리가 납니다. 유순한 부모가 보기에 아이가 '별것 아닌 것을 가지고 왜 저럴까?' 싶겠지요. 하지만 아이는 자신이 방해받았다고 느낍니다. 그렇기 때문에 "방 청소해도 돼? 장난감 치워도 돼?" 식의 질문이 반드시 필요합니다. 이 질문만 해도 아이는 마음이 훨씬 편안해집니다. 자신의 의사가 존중된다고 느끼면 아이도 사소한 것으로 힘겨루기를 하지는 않습니다.

이왕 들어줄 거라면 실랑이하지 말고 즉각 들어주십시오. 실랑이가 잦아지면 아이는 항상 전투자세가 됩니다. 아이를 억지로 꺾어 놓으면 나중에(자기에게 유리한 상황일 때) 자기의 요구를 위해 더 심한 행동을 할 수 있습니다. 더욱이 부모가 유순한 기질이면 몇 번 반대해보다가 결국에는 들어주게 됩니다.

아이의 공부를 대할 때도 마찬가지입니다. 아이의 학습에 신경을 쓰는 부모들은 일찍부터 아이에게 학습의 뉘앙스를 풍기면서 책을 읽히거나 책상에 앉히려 합니다. 그러면 아이는 공부에 대한 '싫다'는 감정이 커집니다. 점점 책상 앞에 앉는 것이 자신을 통제하는 일로 여겨서 공부를 거부하기도 합니다. 사실 공부가 아니라 강요를 거부하는 것인데 말입니다. 그러니 공부에 대해 절대 강요는 금물입니다. 아이가 즐겁게 공부를 접하게 해야 합니다.

가장 중요한 것은 역시 소통

아이와 소통할 때는 우선 아이에게 명령하거나 지시하는 말투를 사용하지 않아야 합니다. 부모가 돼서 아이한테 아무 소리도 하지 말라는 거냐고 반문하는 분들도 많습니다. 그런데 고집이 강한 아이는 특성상 자기를 통제하려 들면 무조건 반발합니다. 부모의 사소한 말투 자체를 아이는 '통제'로 받아들일 수 있다는 것입니다. 그러니 뭐든지 물어보십시오. (부드럽게) "너는 언제까지 준비할 거니?, 어떤 것을 먹고 싶어?, 이렇게 하는 것은 어때?" 이런 식으로 물어보는 것이 꼭 필요합니다.

그러면 부모님들은 종종 '아이가 쓸데없는 걸로 지나치게 고집을 피워도 들어주라는 말씀인가요?'라고 물어보십니다. 우선 왜 아이가 그런 쓸데없는 것에 집착하는지 곰곰이 생각해보십시오. 아이 나름대로는 의미가 있기 때문입니다. 이런 것이라도 하지 않으면 '엄마가 내 존재를 받아주는 것 같지 않으니까' 하는 마음이 깔려 있습니다. 아이의 고집이 '남에게 피해를 주는 상황'이거나 '못 들어 주는 상황'이 아니라면 우선은 들어주세요. 그래야 쓸데없이 실랑이하는 것이 줄어듭니다.

물론 아이의 요구를 100% 다 들어줄 수는 없을 겁니다. 아이의 요구를 들어줄 수 없다면 마음이라도 받아주십시오. 예컨대 아이가 바깥에 나가고 싶어하는 데 감기가 심해서 나갈 수 없는 상황이라고 합시다. 이럴 때는 아이를 안고 "어떡하지? 우리 ○○가 정말 나가고 싶어하는데…. 감기가 걸려서 나갈 수 없어서 무척 속상하겠다."라며 마음이라도 받아주십시오. 아이는 자기 마음을 이해받았기에 그 다음 행동이 훨씬 편해집니다. 아이가 엄마의 살림 일을 도와주려고 한다면 받아들이고 "고마워."라고 표현하세요.

만약 자신의 가정이 아닌 주변 가정에 이런 엄마가 있다면, 옆에서 그 엄마가 아이를 잘 다루게끔 기다려 주십시오. 그 상황에서 훈수를 두면 오히려 상황이 나빠질 수 있습니다. 아이 입장에서 엄마 편을 드는 아줌마에 대한 괜한 반항이 생길 것입니다. 해당 엄마를 도와주는 방법은 기다림입니다.

아이를 강하게 잡으려고 하면 아이는 더 반항적이 됩니다. 아이를 부드럽게 대하면 자연스럽게 아이의 태도도 부드러워질 것입니다. 엄마가 이렇게 잘 맞추어주면 고집 센 아이는 주관이 뚜렷하고 다른 사람의 의사를 받아들일 뿐만 아니라 자신의 의사도 잘 표현하는 사람으로 자라날 겁니다. 존중받은 자만이 존중할 수 있습니다. 다른 사람과의 경쟁에서 이기려는 자세보다 자신의 존재에 가치를 느끼면서 말입니다.

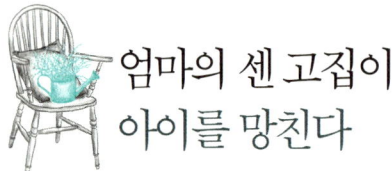
엄마의 센 고집이 아이를 망친다

　엄마의 기질이 고집 세고, 아이가 유순하면 아이에게 상당히 부정적인 영향을 줄 가능성이 많습니다. 부모는 자기 의사를 분명하게 아이에게 전달하고 아이는 아무런 반대 없이 받아들입니다. 문제는 부모가 지나치게 통제적이거나 독재적일 경우입니다. 이 경우, 아이의 자존감은 큰 타격을 입을 수 있습니다.

　아이들은 두 돌 전후로 자신을 드러내며 고집을 보입니다. 이것은 자율성의 한 단면이며 독립된 사람으로 자라기 위한 첫 단계입니다. 그런데 고집이 센 엄마는 아이의 고집을 잘라버릴 가능성이 있습니다. '세 살 버릇 여든까지 간다, 어릴 때 버릇을 잘 잡아야 나중에 편하다'는 생각으로 아이의 요구를 거부한다는 것입니다.

어린 아이들이 얼마나 합리적인 요구를 할까요? 대체로 말도 안 되는 요구로 떼쓰는 경우가 많기에 거부당하기 일쑤입니다. 게다가 고집이 강한 부모는 부모 생각으로 아이의 요구를 살피는 경향이 있습니다. 체험학습이나 놀이 같은 활동에도 부모가 먼저 자기 생각대로 스케줄을 정한 다음에 아이에게 알립니다. 아이의 성향이나 좋아하는 것들은 여기서 제외되지요. 아이는 재미없더라도 부모의 고집에 눌려 자기 속마음을 보이지 않은 채 끌려 다닙니다. 부모 입장에서 아이가 자기 말을 잘 듣기 때문에 문제가 없어 보입니다. 은근히 자신이 부모 노릇을 잘하고 있다고 생각하지요.

하지만 아이의 상황은 전혀 다릅니다. 유순한 아이는 싸워서 이길 수도 없고 넘을 수도 없는 거대한 산 앞에서 초라하게 서 있는 기분이지요. 우울해지고 자신감도 떨어지지요. 공부할 때도 의욕이 없는 모습을 보이기 쉽습니다. 부모는 아이의 이런 모습을 더욱 야단치게 되지요. 이런 악순환이 되풀이되면 매우 좋지 않은 결과를 낳습니다. 대표적으로 유순한 아이가 평소에 가만히 있다가 갑자기 욱하는 행동과 감정을 보이는 것입니다. 시간이 점점 흘러 아이가 고학년이 되면 엄마 앞에서는 아니지만 조금씩 흐트러지는 모습을 보이게 됩니다. 공부에 집중하거나 학원을 가는 등의 생활에서 조금씩 나빠지는 것입니다. 부모가 이것에 대해 야단을 치면 아이에겐 더 치명적입니다. 그럴수록 아이는 부모가 두려워서 주눅이 들고 남의 눈치를 보게 되며 자신을 챙기지 못하는 방향으로 갈 가능성이 높습니다. 즉 내가 없어지고 남만 있게 되겠죠.

결국 유순한 아이가 인정받지 못하면 자신감을 상실하고 수동적으로 됩니다. 지나치게 의존적이 되어서 나라는 존재 없이 남이 나를 이끌어가는 꼴이 됩니다. 이로 인해 불안한 감정과 행동을 보이거나 학습의욕 저하, 적극성이 떨어지는 등 엄마가 원하는 방향의 반대로 가버립니다.

부모의 규칙을 아이에게 강요하지 말자

고집이 센 부모는 아마 스스로 잘 알 것입니다. 자신의 잣대는 뚜렷한 편입니다. 그러다 보니 일상생활에서도 규칙이 뚜렷합니다. 유순한 아이는 부모가 강하게 하지 않아도 선만 제대로 제시하면 잘 따라옵니다. 그러니만큼 아이에게 강요하지 마십시오. 언뜻 보면 아이가 잘 따라오기 때문에 별 문제가 없다고 여길 수 있습니다. 하지만 조금만 마음을 넓혀서 일상생활에서 아이에게 협조를 구해보세요. 그리고 아이가 조금이라도 반항적인 태도를 보인다 해도 '너무 화내지 마세요.' 유순한 아이는 다른 아이에 비해 매우 양호한 편인 겁니다. 오히려 부모의 잣대가 강한 편이지요. 만약 아이가 '양치질을 나중에 하겠다'와 같이 규칙을 미룬다면 받아들여주세요.

고집이 센 부모는 자신의 규칙을 따르지 않는 걸 '자신을 무시하는 태도'로 이해합니다. 하지만 이것은 아이가 부모를 무시한 것이 아니라 '하고 싶지 않을 때'도 있다고 표현한 것일 뿐입니다.

아이가 공부할 때도 부모는 자기 잣대를 휘두를 가능성이 큽니다. 내가 기분 좋을 때, 내가 시키고 싶을 때, 나의 스케줄에 따라 아이를 공부시킬 수 있다는 겁니다. 그러고서도 잘못했는지 모릅니다. 왜냐구요? '고집이 강한 사람은 자신의 생각이나 논리가 옳다'고 생각할 가능성이 많기 때문입니다. 그렇기 때문에 되도록 아이가 언제 공부하고 싶은지를 물어보고 아이의 의사를 따라야 합니다. 책을 고를 때도 아이가 원하는 책을 고르게끔 아이에게 선택권을 주세요.

유순한 아이에게 힘을 실어주는 대화 방법

우선 아이를 밀어붙이지 마세요. 부모가 옳더라도 아이의 생각을 꼭 파악하고 물어봐야 합니다. 물론 아이는 처음에 자기 의사를 잘 표현하지 못합니다. 강한 부모 앞이니까요. 그렇다면 아이에게 몇 가지 예를 주고 고르게 하는 방식도 가능합니다. 이때 주의할 것은 아이의 선택이 맞든 아니든 우선 무조건 따라주는 것입니다. 부모가 아이 생각에 토를 달기 시작하면 아이는 절대 다음 의사를 표현하지 않습니다. 아이가 유순할수록 생각과 표현을 존중해주어야 합니다. 그래야만 아이만의 힘이 생깁니다.

아이가 친구를 사귄다면 부모가 더 세심하게 배려해야 합니다. 기질적으로 강한 아이들과 있으면 유순한 아이는 자기주장을 잘 못하고 속병만 앓을 수 있으니, 아이가 자기 힘을 키울 때까지 의도적으로 그런 아이를 붙이지는 마십시오. 간혹 부모들은 아이를 강한 자극에 노출시켜야 더 강해진다고 여깁니다. 하지만 유순한 아이는 강한 자극에 노출될수록 주눅이 듭니다. 아이가 편안하게 대할 수 있는 아이들과 어울리게 하십시오. 아이에게 주장이 강한 아이들을 붙여서 그 상황을 극복하라고 부추기지 말고요.

고집이 센 부모는 지시와 통제하는 말을 많이 합니다. 유순한 아이는 그 말투에 벌써 위축이 될 수 있습니다. 그러니 아이에게 말할 때 좀 더 친절하고 부드러운 말투로 하도록 노력해보세요. 아이가 내 말을 잘 듣는다고 해서 아이가 내 말을 옳다고 생각하는 것은 아닙니다. 이것을 점검해보십시오. 고집 센 부모는 내가 주도해야만 직성이 풀리기 때문에 다른 사람을 보는 관점이 좁을 수 있습니다. 그렇기 때문에 아이의 인생을 내 인생처럼 생각할 가능성이 많습니다. 학원, 진로, 친구를 사귀는 것, 취미생활 등을 모조리 정해주거나 간섭할 가능성이 있다는 것입니다. 이것은 아이의 인생을 생각하지 않고 '나'만 생각하는 것입니다. 아이의 의존적인 성향들은 결국 부모가 아이의 인생을 내 인생처럼 삼은 결과입니다. 어쩌면 죽을 때까지 그 아이 인생을 부모가 살아줘야 할지도 모릅니다. 아이의 생각과 부모의 생각이 구분되고 있는지를 반드시 점검해봐야 합니다.

유순한 아이를 잘 받아주고, 아이에게 힘을 심어주면, 아이는 자신의 부드러움과 친절을 마음껏 표현하는 밝은 아이로 자라납니다. 사람과 사람 사이의 분위기를 부드럽게 만들고, 누구나 편안함을 느끼게 만드는 매력적인 인물이 될 것입니다.

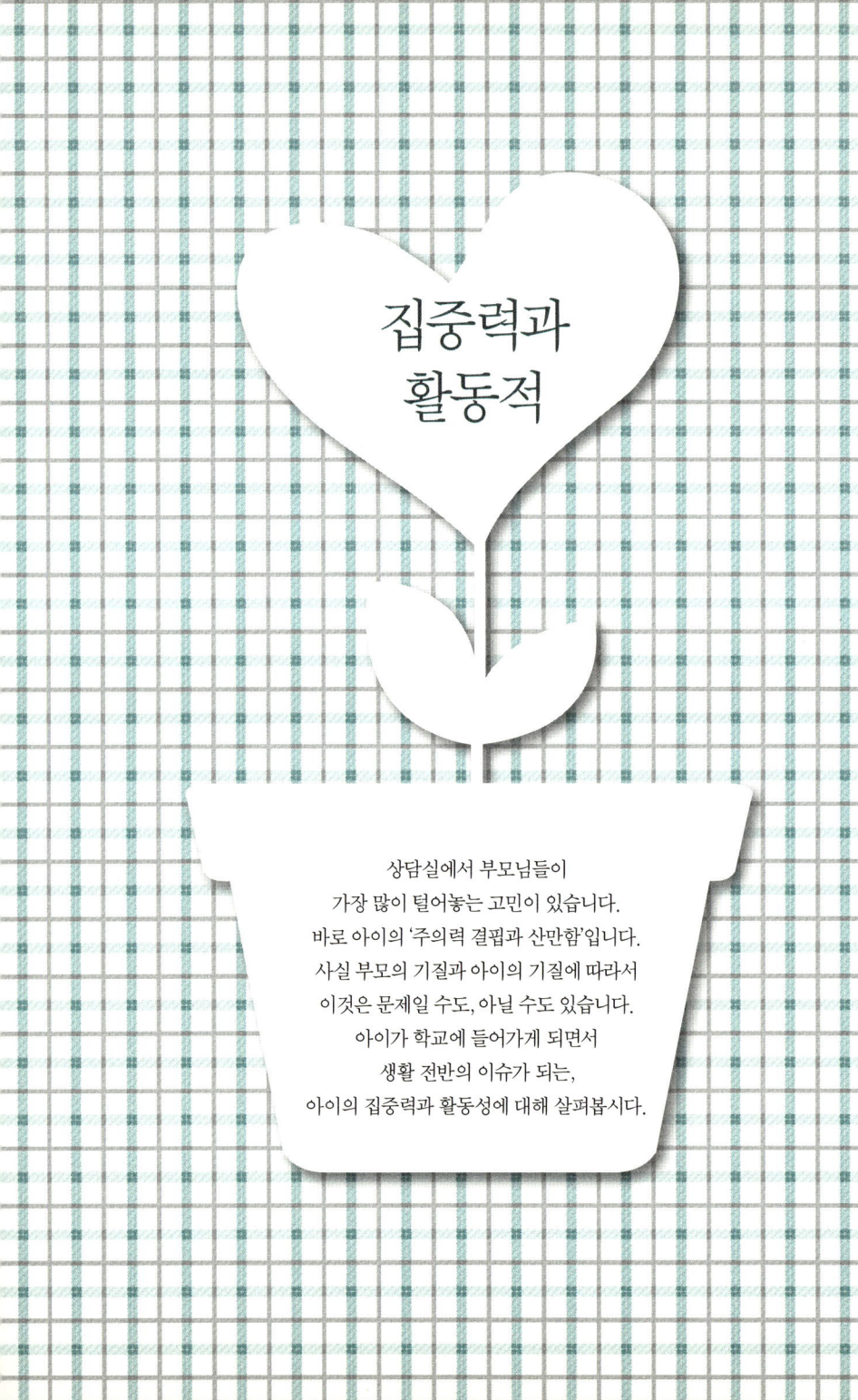

집중력과 활동적

상담실에서 부모님들이
가장 많이 털어놓는 고민이 있습니다.
바로 아이의 '주의력 결핍과 산만함'입니다.
사실 부모의 기질과 아이의 기질에 따라서
이것은 문제일 수도, 아닐 수도 있습니다.
아이가 학교에 들어가게 되면서
생활 전반의 이슈가 되는,
아이의 집중력과 활동성에 대해 살펴봅시다.

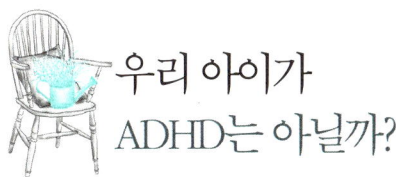# 우리 아이가
ADHD는 아닐까?

 요즘 부모들이 가장 걱정하는 것이 바로 집중력입니다. 우리 아이가 집중력이 없고 산만해서 공부를 못하면 어쩌나 하는 걱정을 많이 하지요. 선천적으로 산만한 아이들(ADHD, ADD)이 분명 있습니다. 그러나 여기서는 기질에 따른 부분으로 다룰까 합니다. 어떤 아이들은 곰처럼 진득한 모습을 보이지만 어떤 아이들은 무척 활동적이며 관심 분야가 다양합니다. 이것을 기질로 헤아리지 못하면 자칫 내 아이의 주의력에 문제가 있다고 보게 됩니다.

 아이와 부모의 기질이 다르기 때문에, 부모가 아이의 활동성과 호기심을 산만하게 보거나 산만함을 조장할 수 있다는 것입니다. 이게 무슨 말이냐구요? 만약 부모가 한군데에 집중하는 편이라면 아이가 문제가 될 움직임이 아닌데도 문제처럼 인식된다는 것입니다. 우리 아이가 이왕이면 주의력, 집중력이 높은 기질이었으면 하는 부모라면 이것 역시 염두에 두어야 합니다. 기질적으로 집중력이 뛰어난 경우, 이것이 지나치면 '집착'이 되기도 합니다. 이 집착이 주변과 어떻게 상호작용을 하느냐에 따라 긍정적 혹은 부정적으로 변모합니다.

몰두하는 기질은 자기 관심 분야가 뚜렷하기 때문에 대화 주제가 주로 관심 분야에 대한 것입니다. 자신이 알고 있는 내용, 관심 있는 내용을 열심히 이야기하지요. 다른 사람들이 듣고 있는지는 중요하지 않습니다. 그러다 보니 다른 사람과 관심 분야가 다를 경우에 '왜 이것에 관심이 없는지'를 이해하지 못합니다. 일상적인 대화를 잘 못하고, 어색해합니다. 이런 경우 또래 아이들과 관심사가 다르기 때문에 대화상대로 어른들을 선호합니다.

또한 이 기질은 기본적으로 에너지를 정적인 곳에 쏟습니다. 자신이 몰두할 수 있는 곳이면 바깥에서도 상관은 없지만 여기저기 다니는 것은 질색합니다. 그렇다고 운동을 싫어하지는 않습니다. 단지 운동도 한 번 빠지면 뿌리를 뽑아야 할 정도로 몰두하지요. 뭔가에 집중할 수 있는 대상을 발견하면 이 기질의 사람은 무척이나 행복합니다. 그러다 보니 자칫 사람이 도외시되는 느낌도 듭니다. 이 기질의 사람은 자기가 집중할 것을 찾으면 주변사람들도 그냥 '주변 사물'에 불과하다는 느낌이 들기 때문입니다. 자칫 잘못하면 중독의 성향을 보일 수도 있고 조절하는 것과 빠져나오는 것이 쉽지 않아집니다.

이제 반대로 여기저기 관심이 많은 활동적인 기질을 살펴볼까요? 이 기질의 사람은 생각이 어디로 튈지 모르는 럭비공 같습니다. 하나에만 관심을 두는 건 지루해하고 관심 이동이 빠른 편입니다. 그렇다고 관심을 찾으러 다닌다기보다 주변의 모든 것들이 관심의 대상입니다. 그것이 자신에게 의미 없는 것이라도 말입니다. 그렇다 보니 한군데에 집중하는 시간은 짧은 편이지요. 그 대신 자기가 원하는 것에는 길게 집중할 수 있습니다.

대화를 할 때도 여러 주제로 옮겨가며 이야기합니다. 때론 상대방과 어떤 대화를 나누냐에 따라 대화의 질이 달라지지요. 이따금 다른 사람의 말을 자르는 행동으로 상대방 기분을 나쁘게 만들기도 합니다. 외부의 자극에 쉽게 반응하기 때문에 사교적인 사람으로 보이기도 합니다. 주변 자극에 대한 관심이 높기 때문에 한 번에 여러 가지가 가능합니다. 이들은 숙제하면서 음악을 듣고 남의 대화에 참견까지 할 수 있지요. 그러다 보니 대체로 활동적입니다. 가만히 앉아 있기보다는 여기저기 쏘다녀야 합니다. 가만히 있으면 괜히 뭔가 하지 않은 것 같은 느낌이 듭니다. 무언가를 배울 때에도 하나를 꾸준히 하기보다 이것저것 맛보는 수준까지만 다다르고 맙니다. 이들은 '무언가를 한다'는 것만으로도 즐거울 수 있습니다.

 # 오래 앉아 있는 아이를 만들기 위한 부모의 몸부림

부모가 집중하는 편이라면 아이에게도 그걸 원하게 됩니다. 아이에게 공부하든지 놀든지, 책을 보든지 하나를 오래하라고 이야기하지요. 하지만 활동적이고 호기심이 많은 기질의 아이에게 이건 거의 불가능한 요구입니다. 게다가 아이들은 어릴수록 많이 움직입니다. 특히나 멀티형인 아이는 더 많이 움직입니다. 아이들이 가만히 있는 경우는 자고 일어났을 때나 졸려서 자기 직전일 때일 겁니다.

부모는 가만히 쉬면서 에너지를 얻는 편인데 아이는 쉴 새 없이 움직이니 얼마나 정신 없겠습니까? 부모는 자연히 바깥출입을 줄이고 집에서만 지내고 싶어합니다. 아이에게 레고, 책 읽기, 그림 그리기 같은 집 안에서 하는 정적인 놀이를 권합니다. 활동적인 기질의 아이는 이 놀이를 진득하니 할 수 없기 때문에 집 안에서 다른 일을 저지릅니다. 아이는 바깥에 나가서 활동하면서 에너지를 얻어야 하는데 집에만 있으려니 답답한 마음에 이것저것 만지고 일을 벌이게 되는 것입니다. 결국 아이는 원하는 만큼 활동하지 못해서 더 산만해질 수밖에 없습니다. 이러한 아이들이 요즘에 많습니다. 바깥에서 충분히 놀아야 하는데 부모가 정적인 활동을 원하기 때문에 아이는 몸이 근질근질합니다. 그러다 보니 비교적 얌전한 아이조차도 산만한 행동을 보이는 경우가 많습니다.

얌전히 앉아서 집중하길 좋아하는 부모와 달리 아이는 움직이고 싶어합니다. 이런 아이를 바깥에 데리고 나간 부모는 에너지가 모자라서 지칠 대로 지칩니다. 그래서 두 번 다시 하고 싶지 않습니다. 아이 아빠가 조금이라도 도와주면 좋은데 그렇지 않을 경우 엄마는 심신이 지치게 됩니다. 그 결과 아이의 요구를 들어주기가 힘들고 불만이 쌓이는 거지요. 이렇게 부모가 아이와 다른 기질을 받아들이지 못하고 밀어내게 되면, 좋지 않은 결과가 생깁니다. 아이가 만족스럽게 활동하지 못했기 때문에 조용히 있어야 하는 곳에서 산만한 행동을 하는 것입니다. 아이는 사람들이 많이 있는 공공장소나 학교 등에서 과도하게 움직이고, 산만해집니다.

이런 기질적 차이는 공부할 때도 나타납니다. 아이는 공부하다 말고 부엌에 있는 엄마에게 가 "뭐해?"라며 말을 붙이기 일쑤고, 동생과 놀고 있습니다. 진득하게 앉아서 공부해야 마땅하다고 생각하는 엄마는 당연히 잔소리를 하게 되지요. 특히나 이 기질 차이는 공부할 때 충돌이 큽니다. 아이가 점점 더 공부를 싫어하고, 의욕도 잃어버리는 원인이 되지요.

집중하는 기질의 부모는 관심사가 생기면 주변의 자극에 즉각적으로 반응하지 못합니다. 아이가 부모의 관심이 필요할 때도 즉시 반응하지 못합니다. 엄마가 드라마를 열심히 보거나 책을 읽는 등 자신이 좋아하는 일을 할 때, 아이의 요구는 눈에 들어오지 않습니다. 때론 아이가 와서 요구해도 방해받는 느낌이 듭니다. 상담현장에서 이 기질의 부모들이 아이가 뭔가를 요구하면 무척 짜증이 나서 나중으로 미룬다는 고백들을 많이 듣습니다.

엄마를 불렀는데 자신을 봐주지 않을 때 아이는 어떤 느낌이 들까요? 엄마는 '나를 대충 생각하는구나'라고 느끼며 무시당했다고 받아들입니다. 엄마에게 거절당한 감정은 아이에게 강한 분노를 만들 수 있습니다. 내면에 공격적인 감정을 가지고 자라나 친구관계나 다른 사람과의 관계에서 적절하지 못한 행동으로 표현하기도 합니다.

집중력이 강한 부모가 호기심이 많고 활동적인 아이를 있는 그대로 인정하지 않으면 어떤 문제가 생길까요?

당연히 아이의 산만함은 더 심해집니다. 게다가 부모에게 거절당했다는 느낌에 강한 분노마저 품고 있기 때문에 친구나 주변 사람들과의 관계도 나빠질 수 있습니다. 부모에게 거절당하지 않았다는 것을 확인하기 위해 여러 문제 행동들로 부모를 힘들게 합니다. 학습에 집중하지 않고, 쉽게 짜증을 내며 포기하는 모습, 화를 충동적으로 폭발시키는 모습을 보일 수도 있습니다.

아이가 충분히 활동해야 '앉아 있어야 할 때 앉아 있는다'

활동적인 아이를 대하려면 부모는 우선 체력을 길러야 합니다. 아이의 다양한 활동을 받쳐주려면 부모가 지치지 않아야 하니까요. 아이의 에너지 발산을 위해 열심히 바깥활동에 따라 다니십시오. 아이가 충분히 움직여야 앉아 있어야 할 때에 앉아 있을 수 있습니다.

학교에 들어가기 전에 아이들은 신체 활동을 충분히 해야 합니다. 의미 없고 사소한 움직임이라도 아이의 기질에서 비롯된 것이니 인정해주어야 합니다. 특히 두 돌 전후에 아이들은 목적 없이 여기저기 다닐 수 있습니다. '아무것도 없는데 뭐 하러 가나' 싶은 활동이라도 아이에게는 무척이나 중요합니다. 이때 활동을 많이 못하면 아이는 나중에 더 많이 놀려고 할 수 있습니다. 한군데 진득하게 앉아 집중하길 좋아하는 부모라 해도 아이의 움직임에 초점을 맞추십시오. 땀이 날 정도로 말입니다. 때로는 집에서도 씨름이나 레슬링, 풍선 공놀이 등 움직이는 놀이를 해주십시오. 이런 노력들이 아이를 더 산만하게 만들까 봐 걱정이라고요? 이렇게 충분히 논 아이들은 자기 할 일에 집중할 수 있습니다. 충분히 놀고 나서 9시 이후에는 뛰지 말자고 부모가 부탁하면 아이는 잘 받아들입니다.

아이가 좋아한다면 운동(수영이나 축구, 농구 등)을 배우게 하는 것도 좋습니다. 하지만 아이가 즐기지 않고 의무감에서 하는 운동은 별 효과가 없습니다. 부모와 같이 하면서 틀은 없지만 즐거운 활동이 아이에게 더 효과적입니다.

활동적인 아이를 집중하게 만드는 방법

공부할 때도 아이에게 긴 시간의 집중을 요구하지 마십시오. 아이가 5분 정도 집중할 것 같으면 그만큼만 시키고, 다시 시작하는 것이 좋습니다. 짧게 반복한다고 생각하십시오. 아이에게 "몇 문제를 풀 수 있을 것 같아?"라고 물어보고 아이가 문제를 풀고 나면 칭찬하십시오. 이따금 "5분 동안에 몇 문제나 풀 수 있을까?"라고 짧은 시간을 제시하고 아이에게 짧고 깊은 집중을 끌어내십시오. 아이가 다 해내면 "와, 5분 동안 이렇게 많이 풀었어?"라고 칭찬하십시오. 아이는 이러한 과정을 거치면서 공부가 재미있는 것임을 체험할 것입니다.

아이 옆에 엄마가 있으면 아이는 한 문제를 풀고 엄마에게 말을 걸 것입니다. 그럴 때 "이야기하고 싶어? 이 문제를 풀고 이야기해줘."라고 제안하십시오. 물론 쉽지 않습니다. 엄마가 보기에 아이는 산만하기 그지없으니까요. 만약 잔소리를 잘 참을 수 없다면 아빠나 제 삼자(개인 과외나 학원 등)의 도움을 받으십시오. 아이와 사이가 나빠지는 것보다는 이것이 낫습니다.

호기심이 많아 집중을 잘 못하는 아이의 공부방은 단순한 것이 좋습니다. 방에 장난감이 많으면 아이의 집중에 방해됩니다. 책상 위에도 필요한 물건만 놓으십시오. 공부하는 곳과 노는 곳을 구분해주십시오.

한시도 가만있지 못하는 아이와 말하려면 지치기 십상입니다. 더욱이 집중 기질의 부모는 진득하게 한 주제로 말하는 걸 좋아하기 때문에 아이의 다양한 주제를 따라가기 어려워합니다. 더 큰 문제는 부모 입장에서는 아이와 대화하는 걸 '쓸데없는 이야기'로 여길 가능성이 높다는 겁니다.

집중 기질의 부모가 아이에게 한 주제로 계속 이야기하면 활동적인 아이는 금방 대화에 흥미를 잃어버립니다. 부모는 아이의 이런 태도를 크게 걱정합니다. 이 역시 부모만의 관점인 것이, 대부분의 아이들은 초등 저학년 시기까지는 다양한 주제로 왔다 갔다 하며 이야기하는 편입니다. 오히려 부모가 맞춰야 하지요. 아이의 대화 주제를 최대한 따라가십시오. 그냥 듣기만 해도 됩니다. 잠깐씩 질문을 던져주면서 말입니다. 혹 이 시간이 즐겁지 않더라도 즐기도록 노력해보십시오. 부모의 흥미나 좋아하는 것은 아이가 없을 때 하고, 아이와 함께일 때는 아이에게 맞추어주세요. 그래야만 아이의 요구들에 제대로 반응할 수 있습니다.

많은 아빠들이 집에 늦게 들어와서 쉰다는 명목으로 TV만 봅니다.

이럴 때 아이들은 아빠의 TV 시청을 많이 방해합니다. 특히 집중 기질의 아빠일 경우에는 더 심하게 느끼지요. 그래서 아이에게 짜증을 내는데, 절대 좋지 않은 행동입니다. TV를 끄고 아이에게 집중하시든가 아니면 아이가 부르는 소리에 빠르게 반응하십시오. TV에 시선을 고정시키고 대충 대답하지 말고, 아이가 부르면 무조건 아이의 얼굴과 눈을 바라보며 대답해주세요. 그래야 아이는 부모가 자신을 소중히 여긴다고 느낍니다.

이렇게 아이의 기질을 그대로 인정하고 지지해주면 활동적인 아이는 사회성이 좋고 열정적인 모습으로 자라납니다. 물론 자기가 집중할 수 있을 만큼 스스로 조절해서 자기 일을 잘 해내지요. 얌전하게 있어야 할 곳도 잘 구분해서 행동하는 아이로 자라납니다.

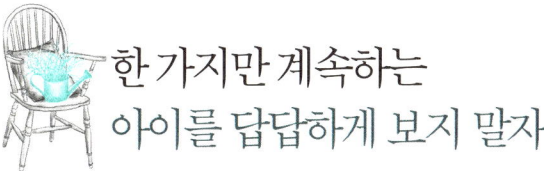
한 가지만 계속하는
아이를 답답하게 보지 말자

부모가 다소 활동적인 경우 집중하는 아이를 방해할 가능성이 많습니다. 아이가 책을 열심히 읽고 있는데 부모가 궁금해서 책 내용을 물어보거나 어떠냐고 묻는 일이 생기지요. 집중 기질의 아이는 공룡 책이나 곤충 책에 몰두해서 오랜 기간 반복해서 읽기도 합니다. 부모 입장에서는 아이가 한 가지에만 집착하는 듯해서 못마땅하게 봅니다. 혹 아이가 한곳에 지나치게 몰두하면 자폐적인 성향이 있다고 여겨 막으려고 합니다. 아이는 부모가 자신이 좋아하는 것을 못하게 하니 틈만 나면 더 하려 듭니다. 물론 자폐적인 아이들이 한곳에 집착하는 경향이 있습니다. 하지만 자폐가 아닌 이상 아이에게 그것을 못하게 한다고 아이의 관심이 여러 방향으로 분산되는 건 절대 아닙니다. 아이에게 다른 흥미를 제공한다고 해서 해결되는 것도 아닙니다. 오히려 아이가 몰두하는 걸 방해하면 집착으로 갈 수 있습니다.

아이가 혼자 놀고 있을 때 아이를 부르면 대답하지 않는 경우가 있습니다. 부모는 몇 번 부르다가 혼자 열이 올라 아이에게 대답하지 않았다며 야단을 칩니다. 집중 강한 아이는 자기 일에 몰두하면 전혀 반응을 보이지 않을 수도 있습니다. 활동적인 엄마는 여기저기 다니면서 아이와 함께하고 싶어하는데, 아이는 자기 놀이에서 벗어나는 데 오래 걸립니다. 게다가 부모가 자기 활동을 '방해'했다고 여겨 짜증을 심하게 부리기도 합니다. 아이에게 자기 활동을 방해하는 것은 곧 자신을 흔드는 행동이기 때문에 심리 상태가 불안정해집니다. 우리가 여기서 짚고 넘어가야 할 것 하나는 많은 아이들이 발달 단계에서 어떤 것에 몰두하는 면을 보인다는 것입니다. 많은 아이들이 비디오를 보고 또 보고, 같은 놀이와 책을 반복해서 봅니다. 활동적이고 다양성을 좋아하는 부모 눈에는 얼마나 지겹고 재미가 없겠습니까? 그렇지만 이것은 아이의 성장 과정입니다. 자라면서 누구나 다 거치는 과정이지요.

활동적인 성향의 부모는 집중 기질의 아이와 놀이를 재미없어 합니다. 그 이유는 집중 기질의 부모와 반대입니다. 아이가 한 가지 놀이만 몇 번이고 계속하기 때문입니다. 그러다 보니 아이가 놀자고 하면 안 놀아준다는 소리가 나오고, 다른 놀이를 하자는 식의 조건을 내겁니다. 아이는 할 수 없이 부모가 알려준 놀이를 하지만 만족스럽지는 않습니다. 아이에게 놀이는 부모의 관심이나 애정입니다. 이 놀이가 변질되기 때문에 아이는 만족스럽지 않게 됩니다. 집중 기질의 아이의 요구를 부모가 잘 들어주지 않으면 아이는 집착과 산만함을 동시에 보일 수 있습니다.

부모에게 아이가 인정받지 못하면 아이는 점점 자기 관심사에 빠지고 집착 이상의 행동들을 보입니다. 한 곳에서 다른 곳으로 관심이 옮겨가는 것이 힘들어져서 사회성 부족 문제도 일어납니다. 자기 관심에만 흥미를 두기 때문에 성적도 들쑥날쑥 하지요. 아무리 부모들이 탐내는 아이의 집중력일지라도, 제대로 인정받지 못하면 아이의 가슴이 비게 됩니다. 그 빈자리가 때론 중독과 같은 좋지 않은 곳으로 가게 할 수 있습니다.

하나를 충분히 즐겨야 다음이 보인다!

생활 속에서 부모는 우선 집중 강한 아이가 발달 단계에서 보이는 행동을 인정해주어야 합니다. 즉 어릴 때 아이가 좋아하는 것에 몰두하면 그걸 받아들이고 허용하는 것입니다. 아이가 초등학생이라면 인정받지 못한 것에 대해 지금도 집착하는 것처럼 보일 수 있습니다. 이러한 몰두나 집착을 아이의 소중한 행동으로 받아주십시오.

물론 발달 단계에서 아이가 활동적이고 다양한 관심을 보이는 것도 필요합니다. 그런 의미에서 보더라도 부모는 아이에게 바깥 놀이를 억지로 시키지 말고, 아이가 원할 경우 바깥 놀이를 함께 열심히 놀아 주십시오. 아이가 특정 놀이만 하더라도 즐거워한다면 크게 문제 삼지 마시고 같이 즐겨 주십시오.

아이를 부를 때도 멀리서 부르지 마십시오. 가까이 다가가서 어깨나 머리를 쓰다듬으면서 아이의 이름을 불러서 아이의 집중이 엄마에게 옮겨갈 시간을 주세요. 장소나 활동을 바꿀 때도 아이에게 여유 시간을 두어야 합니다. "엄마하고 같이 나가야 하는데 조금 더 놀다가 이것을 정리하면 어떻겠니? 정리하는 데 시간이 얼마나 걸릴까?" 식으로 물어보세요. 아이가 한참 놀고 있는데 이야기하면 어떤 식으로 말해도 효과를 볼 수 없습니다. 아이에게 미리 오늘 일정을 일러주고, 아이가 어느 정도 놀았다 싶을 때 양해를 구하는 것이 필요합니다.

공부할 때도 이와 같은 태도가 필요합니다. 아이보다 선수를 치는 것도 방법입니다. 아이가 좋아하는 것을 찾아 들고 "오늘 이거 하고 놀까? 오늘은 이 책을 읽을까?"라고 말입니다. 그러면 아이는 일부분의 욕구가 해소됩니다. 중요한 것은 아이가 부모의 이런 태도를 통해 자신이 이해받았다고 느끼는 것입니다. 아이에게 다양한 자극을 주는 것보다는 아이가 좋아하는 호기심부터 시작하십시오. 한 부분에 대한 호기심이 어느 정도 채워줘야 다른 호기심을 가질 수 있답니다.

집중 기질의 아이가 인정을 받으면 놀라운 집중력을 발휘합니다. 깊이 있게 지식을 습득하고, 한 우물을 파야 하는 상황에서 능력을 발휘할 수 있습니다. 그렇다고 다른 것에 전혀 무신경한 것은 아닙니다. 모든 것이 아니라 자신이 해야 할 일과 자신이 좋아하는 일에 집중하는 모습을 보일 것입니다. 그 대신 집중해야 할 것과 하지 말아야 할 것을 잘 구분하게 됩니다.

이성과 감성 사이

나는 예민하고 감성적인데,
우리 아이는 무던하고 논리적, 이성적이라면?
나는 이성적이고 무던한 편인데,
아이는 감성이 남다르다면?
아이와 안정적인 관계를 맺어나가고 싶다면,
나와 아이는 이성과 감성 사이
어디쯤 위치하는지를 알아볼 필요가 있습니다.

 ## 감성은 부모한테
물려받는 게 아닌가 봐요!

이 기질의 포인트는 바깥의 자극에 대한 반응 속도와 횟수라고 할 수 있습니다. 아파트 현관 센서등을 생각하면 빠를 것입니다. 민감하게 잘 반응하는 센서는 바람이 불어 현관문만 흔들려도 불이 켜지지요. 이처럼 감성적인 사람은 외부의 모든 자극을 자신에게 보내는 메시지로 이해합니다. 스위치가 켜져 있어서 주변 자극을 끊임없이 받지요. 하지만 어떤 센서는 자극에 무척 둔합니다. 이성적인 사람은 이 자극을 별로 상관없는 현상으로 이해합니다. 우리 모두에게는 바로 이 센서가 있습니다. 하지만 예민한 센서가 있고 둔한 센서가 있듯이 사람들도 자극을 받아들이는 정도가 다릅니다. 예민하게 받아들이는 사람은 감성이 풍부하고, 둔하게 받아들이는 사람은 이성적으로 사고합니다. 이 정도가 부모와 아이 사이에 어떤 영향을 미칠까요?

그것은 감정 표현과 관련이 있습니다. 부모가 아이에게 지나치게 감정 표현을 하거나, 너무 하지 않으면 부모와 아이의 관계는 매우 힘들어집니다. 반대로 부모의 말과 자극에 아이가 사사건건 감정적으로 느끼고 표현하거나, 반대로 너무 둔감할 경우 부모의 걱정을 사게 됩니다. 뭐든 극단적이면 쉽지 않지요.

그렇다면 어떻게 해야 하냐고요? "적을 알고 나를 알면 백전백승"이란 말이 있습니다. 물론 자녀 양육은 싸움은 아니지만, 양육 상황에 아이와의 원치 않은 갈등은 비일비재합니다. 내 기질과 아이의 기질을 잘 모르면 저도 모르게 부정적으로 갈 수 있기 때문이지요.

먼저 감성적인 성향의 사람들을 알아볼까요? 가장 큰 특징은 그냥 지나가는 자극들도 너무 의미 있게 해석한다는 것입니다. 나와 상관없는 여러 일들로 인해서 마음이 복잡하고 힘들 수도 있습니다. 때론 남의 일도 내가 당한 것처럼 느끼고, 같은 감정에 빠지기도 합니다. 감정 이입이 잘 되지요. 반면 외부의 자극에 너무 민감하다 보니 정작 자신이 다른 사람에게 어떤 메시지와 자극을 보내는지에 대해 둔합니다. 남이 나에게 이렇게 했다는 것은 잘 기억하면서 자신이 남에게 한 행동에는 별 관심이 없는 것이지요.

감성적인 성향은 대화에서도 잘 나타납니다. 형용사나 부사 등을 다양하게 사용해서 자신의 감정과 생각을 표현하지요. 무언가 설명할 때도 감정이 포함된 단어들을 많이 씁니다. '속상하다' '정말 행복하다' '즐겁다' 같은 묘사도 잘합니다. 사람에 따라서 말보다 표정으로 나타내는 경우도 있습니다. 이들은 자극을 감정으로 받아들이기 때문에 일상적인 상황에서 정이 많습니다. 다른 사람들의 형편들을 살피고 잘 도와줍니다. 남의 상황도 내 상황처럼 말입니다. 이렇듯 기분이 좋을 땐 모든 것을 다 해줄 것처럼 행동하지만, 기분이 나빠지면 이성적인 판단을 하지 못해 잘 삐치고 쉽게 좌절합니다. 그래서 감정 기복이 심해 보입니다. 행동의 기준이 '내 기분(감정)'이 되기 때문입니다.

그렇다면 이성적인 성향은 어떨까요? 이성적인 성향의 사람들은 복잡하게 생각하지 않습니다. 상황도 복잡하게 이해하지 않습니다. 자신에게 직접 자극을 주는 상황이 아니라면 별로 느낌도 없습니다. 다른 사람이 심각하게 고민하는 말을 들으면 잘 이해되지 않습니다. '왜 이렇게 복잡하게 살아?'라는 반응입니다. 다른 사람의 일거수일투족에 대한 관심이 덜하기 때문에 다른 사람을 비난하거나 지적하는 일도 드물지요.

주변 환경에 크게 영향을 받지 않기 때문에 마음이 안정적이지요. 주변의 자극이나 상황을 받아들일 때 '그러나 보다' 식이 많지요. 의미가 있는 것들도 의미 없이 흘려 보내고 뒤늦게 '아, 그랬구나' 하는 때가 많습니다. 이 성향의 사람들은 감정 기복이 심하지 않기 때문에 다른 사람과 갈등을 해도 쉽게 흥분하지 않습니다. 대부분 쿨하게 그 상황을 자극하지 않습니다. 사과도 먼저 쉽게 하고, 잘 따지지도 않지요.

머리로 말하는 부모 vs 가슴으로 대답하는 아이

　부모는 이성적인데 아이는 감성적이면 매우 힘이 드는 조합입니다. 아이는 어릴 때부터 섬세해서 자주 깨서 울지요. 분리 불안도 아주 심합니다. 낯가림도 심하여 엄마 외의 사람들은 울음으로 맞이합니다. 그러니 누구에게 아이를 맡기고 싶어도 맡길 수가 없습니다. 맞벌이 부부일 경우 아이의 분리 불안은 더 심해집니다. 때론 아이는 자신을 보호하기 위해 자기만의 병리적인 세계를 만들기도 하지요. 사람이 많은 곳을 피하려 하거나 어두운 곳을 아주 심하게 싫어하는 등의 특징을 보입니다. 이 기질의 아이는 놀이방이나 유치원, 학교를 보낼 때도 여러 준비 과정을 거쳐야 합니다.

이렇다 보니 이성적인 부모는 아이에게 지쳐갑니다. 그 탓에 아이의 신호들을 흘려 듣거나 놓칠 수도 있는데, 그럴수록 아이는 더 불안해하며 더 사소한 신호를 훨씬 자주 보내지요. 부모가 나름대로 최선을 다 해도 아이와 조금만 주파수가 맞지 않으면 삐걱거리게 됩니다. 이 기질의 차이로 많은 엄마들이 이렇게 토로합니다. "남들이 보기에 내가 아이들에게 정말 잘한다는데, 그리고 제가 봐도 뭔가 잘못하지도 않은 것 같은데, 왜 우리 아이는 늘 뭔가 부족해하고 까다롭지요?" 그러면서 자신의 부모 역량을 자책하는 모습을 보입니다.

사실 감성적인 아이를 맞추는 건 참으로 힘든 일입니다. 대부분의 부모들이 감성적인 성향의 아이에게 맞춰주는 것에 실패합니다. 여러 개를 잘해도 하나 때문에 실랑이를 하게 되고, 가뜩이나 이성적이고 무던한 엄마는 아이의 신호에 예민하기가 힘들기 때문이지요. 그래서 간혹 어긋나는 상황이 발생합니다. 아이가 워낙 예민하게 반응하니까 으레 '그러려니…' 하면서 아이의 신호를 별 것 아닌 걸로 넘어간다는 것입니다. 그 결과 아이를 방치하게 되지요.

예컨대 이런 상황입니다. 아이가 워낙 잘 우니까 '얘는 분명 유치원에 갈 때도 울 거야'란 생각을 합니다. 그리고 아이가 유치원에서 울어도 크게 문제 삼지 않고 보냅니다. 때론 우는 아이를 할머니나 친척에게 맡기고 개인적인 일을 보기도 합니다. 원래 그런 아이라고 생각하고 맙니다. 감성적인 성향의 아이가 분리 불안이 심한 편인데, 유치원 같은 사회적인 상황을 경험할 때 아이의 울음을 그냥 넘겨버린다면 이것은 분리 불안을 더 심하게 만드는 요인이 됩니다. 자신의 울음에 신경 쓰지 않는 부모를 보며 아이는 부모로부터 보호받을 수 없다는 느낌에 더욱 불안해지게 됩니다. 이런 불안들이 쌓이면 등교 거부증까지 갈 수도 있습니다.

기질적 특성상 이성적인 성향의 부모는 아이의 감정이 상해지는 과정을 자주 놓칩니다. 항상 일이 터지고 난 다음만 눈에 들어옵니다. 부모가 늘 결과만 두고 아이의 잘잘못을 파악하고 항상 뒷북 치는 상황이 되는 거지요. 그래서 아이는 억울한 마음에 몇 시간씩 울고 심하게 떼를 쓰는 등 감당하기 어려운 행동을 합니다. 부모가 아무리 야단이나 잔소리, 체벌까지 가해도 아이의 이런 표현은 더욱 강해집니다. 이것을 절대 가볍게 볼 수 없는 것이, 부모가 감성적 성향의 아이를 적절하게 받아 주지 못하면 아이가 더 예민해지고 불안이 심해집니다. 그 결과 아이는 지나치게 울고 사회적 상황에서 적응장애가 올 수도 있습니다. 아이는 너무 힘이 들 뿐 아니라 '행복하지 않다'는 가장 큰 문제를 가지게 됩니다.

감성적이고 예민한 아이의 불안을 가라앉히는 법 - 관찰과 기록

감성적인 아이는 아기 때부터 세심히 봐주어야 합니다. 낯가림이 매우 심하기 때문에 이 사람 저 사람에게 아이를 맡기는 행동은 아이의 불안을 조장할 수 있습니다. 부모가 아이를 돌보고 낯선 장소도 아이가 싫어하면 되도록 삼가야 합니다. 아이가 엄마와 떨어지지 않으려고 하면 아이가 스스로 떨어질 때까지 기다리십시오. 강제로 떼는 것은 아이에게 마음의 상처를 주고 더 불안하게 만듭니다.

유치원이나 놀이방도 너무 일찍 보내지 마십시오. 주변에서 아이가 울어도 일주일 정도 지나면 괜찮다고 말해도 보내지 마십시오. 얻는 것보다 잃는 것이 훨씬 많습니다. 이 기질의 아이는 스스로 걸어가도록 기다려 주어야 합니다. 집에서 엄마가 데리고 있으면서 안정감을 느끼면 학교에 가기 전에 유치원은 다닐 수 있습니다. 아이가 전혀 모르는 곳이나 낯선 상황에 있어야 한다면 몇 번씩 익숙해지게끔 중간 과정이 필요합니다.

부모가 이성적인 성향이라면 다소 무신경하기 때문에 아이를 먼저 파악하는 것이 매우 중요합니다. 아이의 행동들을 관찰하고 기록하십시오. 예를 들어, 오늘 아이가 어떤 장난감을 가지고 어떤 놀이를 했는지, 아이가 어떤 때 자신의 감정을 잘 드러냈는지 찾아보십시오. 무딘 한 엄마에게 관찰과 기록은 매우 중요합니다. 엄마가 아이에게 어떤 식으로 접근했을 때 아이가 좋아하는지도 찾아보십시오. 그래야만 아이의 행동이 보이는 원인, 과정, 결과를 파악할 수 있습니다.

어릴 때 예민하고 감성적인 아이의 요구는 무조건 들어주세요. 놀아달라면 놀고, 나가자고 하면 그것도 들어주세요. 이것은 현재의 제한을 조금 풀어주자는 의미입니다. 혹시나 아이의 요구를 못 들어 줄 때는 "미안하다."고 하십시오. 처음에는 '무조건'인 것 같지만 잘 받아주게 되면 아이 스스로 점점 요구를 줄입니다. 부모가 노력하면 아이는 이따금 확인 작업을 합니다. "엄마, 나 얼마나 좋아해? 우리 집에서 누가 제일 좋아?" 이런 질문을 하루에도 몇 번씩 합니다. 이런 질문을 들을 때 '아이가 얼마나 엄마 마음을 알고 싶으면 이럴까?'란 생각으로 대답해주세요. 아이에게 확신이 생기면 이런 질문은 하지 않을 것입니다. 또 중요한 것은 아이의 '감정이 상하면' 모든 것을 중단한다는 것입니다. 자신이 원하는 것이었다 해도 부모가 자신의 기분을 상하게 하면 아이는 '받지 않습니다.' '치사해서… 나 안 해' 식이지요.

이런 성향은 공부할 때도 나타납니다. 예민하고 감성적인 아이를 기분 나쁘게 하면 뇌가 멈출 수 있습니다. 즉 공부를 시킬 때든 설명해줄 때든 아이를 '비난하거나, 싫은 눈치를 주거나 다른 사람들과 비교하는 행동'은 삼가야 합니다. 어쩌면 이 기질의 아이에게는 학습보다 학습 분위기가 더 중요하다고 볼 수 있습니다.

유리알 같은 아이에게 맞춰주려면 어지간히 힘들겠다고요? 하지만 이 기질이 잘 자라나면 섬세하고 자상한 사람이 될 것입니다. 다른 사람을 잘 배려하고 창의적이고 감성적인 면모도 잘 발달하게 되지요.

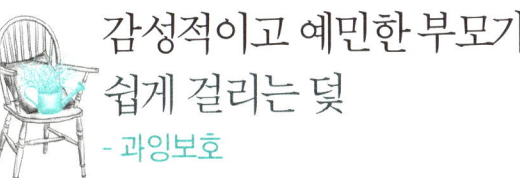
감성적이고 예민한 부모가
쉽게 걸리는 덫
- 과잉보호

    이성적이고 무던한 아이와 감성적이고 예민한 부모 역시 문제가 생길 여지가 많은 조합입니다. 아이는 자극에 크게 힘들어하지 않는데 부모가 힘들게 받아들입니다. 그러고서는 아이 역시 상처를 받을 것이라고 생각해 부모의 반응이 과하기 때문입니다. 한편 이성적인 성향의 아이는 어릴 때부터 무척 무던해서 편하게 키울 수 있습니다. 혼자서도 잘 놀고 엄마 이외의 사람에게도 잘 갑니다. 그러다 보니 엄마는 자칫 아이를 다른 사람에게 자꾸 맡기는 습관이 생길 수 있습니다. 물론 감성적인 부모의 기질상 아이를 남에게 잘 맡기지 않습니다. 못 믿으니까요. 그런데 일이 생겨서 한 번씩 맡겨보고 아이가 잘 논다는 이야기도 듣다 보면 부모의 마음이 놓여서 아이를 다른 사람에게 맡기는 일이 늘어날 수 있으니, 이를 유의해야 합니다. 아이가 주변 자극에 민감하지 않기 때문에 아이를 신체적으로만 돌보게 되기도 쉬운데 그럴 경우 아이의 사회성이나 인간 관계에서 문제가 생길 수 있습니다. 아이에게 인지적인 자극들도 부족할 수 있으니 신경 써야 합니다.

그렇다고 너무 예민하고 감성적인 성향의 부모 눈으로만 아이를 봐서는 안 됩니다. 이를테면 아이는 크게 문제 삼지 않는데 부모가 사소한 것에서 '아이가 상처를 받지 않을까' 하면서 전전긍긍합니다. 아이 친구가 자기 아이에게 바보라고 하면 섬세한 엄마는 자신이 당한 것처럼 가슴 아파합니다. 그래서 아이의 생각을 알아보지도 않고 아이 친구에게 "친구에게 그런 말을 하면 못 써!" 식으로 함부로 개입하기 쉽습니다. 이런 상황이 반복되면 아이는 상황을 직접 느끼지 못한 채 엄마의 감정을 고스란히 입으로 표현합니다. 주로 '속상하다, 슬프다, 나를 어떻게 생각하더라' 식으로 표현하지요. 정작 아이의 행동에는 큰 동요가 없는데, 엄마가 아이 말에 큰 스트레스를 받고 걱정할 수 있습니다. 다른 집 엄마와 이야기하다가도 아이들끼리 뭔가 시끄러운 소리가 들리면 안테나를 한껏 올리고 자신의 아이를 보호하기에 급급합니다.

가장 큰 문제는 엄마가 자기 감정을 '우리 아이도 똑같이 느끼지만 표현하지 않을 뿐'이라고 단정 짓는 것입니다. 이것은 크나큰 오해의 소지가 있지요. 예컨대 감성적인 부모의 경우 아이 친구들이 지나가면서 인사하는 정도를 보고서 자기 아이가 왕따를 당하지 않을지까지 예상합니다. 그러다 보면 자꾸 아이에게 당부가 늘어납니다. 부모의 당부가 많아진다는 것은 아이가 편하게 행동하는 것을 막는다는 뜻이고, 세상을 바라보는 자기 눈이 생기기보다 부모의 눈을 그대로 답습하게 된다는 문제가 생깁니다. 이것은 아이가 자기 나름대로의 힘이나 생각을 가질 수 없다는 의미입니다.

감성적이고 예민한 기질의 엄마는 아이의 정서 상태를 자세히 알고 싶어합니다. 그래서 아이의 하루 일과를 물어보고 혹시 상처받은 일은 없는지 질문하지요. 뿐만 아니라 아이가 부모를 얼마나 좋아하는지도 물어봅니다. "엄마 좋아? 아빠 좋아?" 식의 질문을 말입니다. 이것은 부모 스스로에 대한 믿음이 없어서 아이에게 확인하려는 마음입니다. 만약 아이가 대답을 잘 안 하면 감성적인 성향의 부모는 아이에게 어떤 일이 생겼다고 단정하기 쉽습니다. 그러다 보면 별것 아닌 것이 제법 큰 사건이 되기도 합니다.

부모의 이런 과잉보호와 감정적 태도를 이성적인 아이가 겪으면 어떻게 될까요? 이런 상황을 몇 번 겪으면 아이는 야단맞을 일이나 불리한 상황에서 '우리 부모는 이런 이야기를 좋아해.'라며 그날 감정적인 면(속상한 일 등)을 이야기하고 교묘하게 상황을 빠져나갑니다. 점점 자신의 잘못된 행동에는 어떤 이유가 있었다는 식의 변명을 대는 것이지요. 기분이 안 좋았다든지, 오늘 엄마가 집에 없어서 그랬다든지 하는 아이의 말에 결국 부모가 죄책감을 느끼고 아이는 책임 없이 불리한 상황을 빠져나갑니다. 이렇듯 감정적인 성향의 부모는 아이를 과잉보호하다 자칫 중요한 것을 놓칠 수 있습니다. 아이의 자율성을 해치는 것 말입니다. 이성적이고 무던하게 타고난 아이는 점점 둔한 성향으로 변할 수 있습니다. 즉 극단적으로 무디어진다는 것이지요.

부모 자신의 감정을 아이의 감정으로 착각하지 말자

예민한 부모는 자신이 세우고 있는 안테나가 몇 개인지 세어보십시오. 공부, 사회성, 왕따, 인정받는 것 등 내가 어떤 때 예민하고 어떤 상황에서 아이에게 마음이 가는지 살펴보세요. 만약 '우리 아이가 상처를 받지 않을까?'라고 고민한다면 그들에게 한번 물어보세요. 어쩌면 아이보다 내가 더 상처를 받고 있는 것일 수 있습니다. 이것을 인정하십시오. 섬세함이 지나쳐 예민함이 된 부모는 오해의 시나리오를 너무나 논리적으로 쓸 수 있다는 것도 인정하십시오.

우리 아이가 상처를 받는 상황이 생긴다면, 상대편의 아이가 어떤 감정일지도 생각해보세요. 그리고 우리 아이가 내 감정과 같으리라는 판단 때문에 부모가 상황에 끼어들었을 때 아이에게 과연 도움이 될지도 생각해보십시오.

부모가 느끼는 감정과 아이가 느끼는 감정에는 분명히 아주 큰 차이가 있습니다. 하지만 감정적인 부모는 아이와 감정적인 분리가 전혀 되지 않지요. 그렇기 때문에 아이에게 일이 생겼을 때 이것이 부모의 감정인지, 아이의 감정인지를 먼저 파악하십시오. 만일 부모의 감정이라면 부모의 문제를 해결해야지 아이의 상황을 해결하려고 하면 안 됩니다.

부모가 느끼는 감정을 아이에게 말하지 말고 아이에게 "어땠어?"라고 물어보십시오. 아이가 별것 아닌 것처럼 이야기하면 그러려니 하십시오. "너 진짜 괜찮아?, 속상하지 않니?" 식으로 부모의 감정을 아이에게 자꾸 심어주는 말은 금물입니다.

무엇보다 부모 스스로의 마음을 다스리는 것이 중요합니다. 예민한 분은 부부관계나 시댁, 친정 관계 등 주변 상황이 안정적이지 않으면 아이에게 더 예민하게 반응합니다. 스스로 이러한 것들을 해결하기 힘들다면, 전문기관의 상담도 받으십시오.

감정적이고 예민한 부모는 이성적이고 쿨한 부모와는 반대라서 아이를 방치하는 일은 없습니다. 그러나 아무리 무던한 아이도 자신만의 욕구가 있습니다. 아이가 원하는 요구가 있을 때만 충분히 반응해 주십시오. "엄마, 나 친구랑 놀고 싶어."라고 하면 그냥 친구하고 놀게 도와주십시오. 이것을 '아이가 뭐 힘든 일이라도 있나?'라고 걱정하지 마시고 그냥 요구를 들어주시면 됩니다.

예민한 기질의 부모는 아이가 공부할 때도 걱정이 많습니다. '혹시 우리 아이가 남들보다 영어를 늦게 시작하면 아이가 상처 받지 않을까' 등의 고민으로 아이에게 학습적 뒷바라지를 열심히 하려고 하지요. 잊지 마십시오. 부모가 느끼는 것보다 아이는 덜 느끼고 있다는 것을 말입니다. 부모가 자꾸 '공부, 공부'하면서 아이에게 오히려 스트레스를 주고 있다는 사실을 말입니다. 이성적이고 무던한 아이에게는 '공부는 자신의 꿈을 펼치게 하는 하나의 매개체'입니다. 공부 자체가 아이에게 열등감을 만들어주지 않는다는 걸 잊지 마십시오.

부모가 아이의 성향을 조금만 인정해주면, 아이는 아주 편안한 성품으로 자라 살아가는 데도 힘이 들지 않습니다. 아이가 안정적이어서 주변 사람들도 덩달아 편해질 수 있고요. 아이가 이성적인 판단이 뛰어나 일을 처리하는 데도 주변의 자극에 휘둘리지 않습니다. 즉 아이가 주변의 영향을 덜 받으면서 자신이 목표하고 계획한 것을 잘 이루는 인물로 자란다는 것입니다.

아이의 기질을 외면하면 아이의 사회성도 흔들린다

- 부모 아이 관계를 견고히 만들고
아이의 사회성을 결정짓는 4가지 기질 이야기

인간관계

인간관계에서도 고유의 기질이 발동합니다.
흔히들 사교적, 내성적이라
말하는 특성으로 말입니다.
사람과 관계를 맺을 때 드러나는 이 기질.
부모와 아이 사이에서는
어떻게 영향을 끼칠까요?

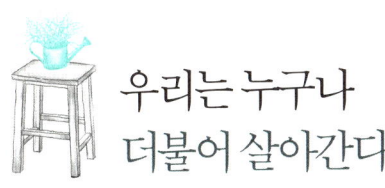
우리는 누구나
더불어 살아간다

넓디넓은 이 세상에서 부모와 아이는 단 하나의 인연으로 만납니다. 부모의 돌봄과 사랑을 받고 아이는 스스로 일어서는 힘과 세상을 바라보는 눈을 키우게 되지요. 아이는 점점 자라 세상에 나아가 새로운 사람을 만나 인연을 만들어나갈 것입니다. 부모 역시 부모의 삶을 이끌며 새로운 사람을 만나고 관계 맺기를 거듭하면서 살아가게 되지요. 우리가 살면서 중요한 측면들을 꼽자면, 그중 인간관계는 빠질 수 없는 부분입니다. 어떤 사람을 만나고, 어떤 식으로 관계를 맺어 가느냐가 그 사람의 인생에 지대한 영향을 끼치기 때문입니다. 우리는 사회적 동물이라는 수식어답게 혼자가 아닌 '더불어' 사는 존재입니다.

아이의 사회성에 부모의 관심이 각별한 것도 다 이런 이유 때문이겠지요.

이 인간관계를 맺는 면에서도 고유의 기질이 발동합니다. 흔히들 사교적인 성격, 내성적인 성격이라고 부르는 특성으로 말입니다. 부모와 아이 역시 이런 기질을 가지고 있습니다. 사람과 관계를 맺을 때 드러나는 이 기질. 부모와 아이 사이에서 나타나는 '인간관계'에 관한 이야기를 해볼까 합니다. 이 기질은 외향성과 내향성으로 나뉘어 살펴볼 수 있습니다.

외향적인 사람들은 낯선 사람에게도 친근하게 대하는 편입니다. 몇 번 만나지 않은 사람과도 잘 이야기하지요. 모든 것들의 의미는 사람과의 관계 속에 있기 때문에 혼자서 뭔가를 하는 것은 너무 싫습니다. 이들에게 친구가 많고 다양한 사람들을 만나는 것은 인생의 중요한 잣대입니다. 친구가 적으면 좀 모자라는 사람 같은 느낌이 들기 때문에 끊임없이 사람을 만나려고 하지요.

이 기질의 사람들은 사람을 만나는 데 거의 워밍업을 하지 않는 듯합니다. 사람에 대한 경계가 없다는 뜻이지요. 이런 부분들이 때론 다른 사람들을 당황하게 만들죠. 별 것도 아닌데 상대에 대해 궁금해하고, 또 그런 이야기들을 다른 사람들에게 합니다. 앞에서 언급한 집중 강한 사람들이 자신의 호기심에 대해서 말하는 것과는 다릅니다. 외향적인 사람들은 주로 사람에 관한 이야기를 하는 편이지요. 다른 사람들에게 자신이 아는 사람에 대해 같이 나누고 싶다 보니 비밀을 지키는 것이 쉽지 않죠. 비밀도 또 다른 사람과의 나눔 재료이거든요. 이 기질의 사람들은 다른 사람을 만나는 것에서 삶의 큰 에너지를 얻습니다. 항상 사람이 있는 곳으로 발걸음이 향하죠. 가족과의 관계도 같이 있고 함께 움직이는 것을 좋아합니다. 다른 가족들은 그걸 별로 안 좋아해도 말입니다.

반면 내향적인 사람은 사람을 다양하게 사귀는 것에 대한 관심이나 에너지가 적지요. 사람에 대한 관심도의 차이가 아니라 넓이와 깊이의 차이입니다. 넓은 관계는 표피적이라고 여깁니다. 깊이가 더 중요하다고 생각하지요. 사람들을 많이 아는 것보다 한두 사람이라도 깊이 사귀는 것을 더 즐겨합니다. 그래서 얼마나 친밀한가에 의미를 많이 둡니다. 한 사람과 오래 사귀려고 진심을 다합니다. 단짝이라는 느낌을 갖고 싶어서 상대에게 최선을 다합니다. 사교적인 사람이 만남 자체에 만족한다면 내향적인 사람은 만남보다 의미 있는 시간을 보냈는지가 더 중요합니다. 그래서 생각이 많지요.

내향적인 사람은 일상적인 이야기를 꺼내기가 쉽지 않습니다. 상대방과 맘이 맞고 편하다는 생각이 들어야 말을 편안하게 합니다. 그러다 보니 상대방에게 선뜻 가까이 다가가지 않고 얼마나 자신과 맞는지를 계속 탐색합니다. 때론 경계하기도 합니다. 상대방과 익숙해지기까지 겪는 낯선 상황이나 사람에 대해 불평도 많이 합니다. 하지만 일단 나의 울타리 안에 상대방이 들어오면 그 불평을 거두어들입니다. 인간관계에서 시간이 오래 걸리는 반면 한 번 맺은 관계를 오래 유지하지요.

외향적 사람은 만남을 통해 에너지를 얻지만 내향적인 사람은 만남으로 에너지를 소모합니다. 이 기질의 사람들은 사람들을 많이 만난 날을 아주 피곤해합니다. 사람을 처음 만났을 때는 반드시 그 사람을 관찰하고 파악하는 시간이 있기를 기대합니다. 이렇게 관찰할 시간이 없이 사람을 향해 떠밀리면 오히려 뒤로 물러서 버릴 수도 있습니다.

# 부모의 사교성이
아이에게는 부담이 될 수 있다!

사람과 잘 사귀는 걸 중요하게 여기는 외향적인 부모는 아이가 수줍어하는 모습에 대해 걱정부터 합니다. '사회생활의 힘은 사람과의 관계인데 우리 아이는 어떻게 하지?'란 걱정에 아이를 다그치기 쉽습니다. 아이의 성향, 기질을 고려하지 않고 자신과 똑같이 사람을 잘 사귀는 사람이 되기 바라는 마음에서지요.

아이가 내향적이라면 낯선 사람 앞에서 인사를 잘하지 않을 수도 있습니다. 아이 시각에서는 인사가 쉽지 않고, 혹은 의미가 크지 않아서 한 행동인데, 부모는 이 행동을 아이가 불안하거나 자신감이 없다고 해석합니다. 그래서 아이에게 사회성에 대한 부분을 지나치게 강조하고, 주입하려 들게 됩니다.

　이 기질끼리의 충돌로 상담소를 찾는 부모들은 공통적으로 이런 말을 자주 합니다. '아이가 그냥 편하게 친구를 만나고 인사하면 될 텐데 뭘 그렇게 고민하는지 모르겠다'고 말이지요. 부모는 아이가 친구를 사귀게끔 도와주려고 합니다. 그러나 이러한 도움은 오히려 역효과가 나게 됩니다. 왜냐구요? 부모가 아이의 행동을 문제로 규정하고 있기 때문입니다. 수줍은 아이는 사람과 천천히 가까워지는 걸 좋아합니다. 그것을 문제로 보고 엄마가 아이를 사람들에게 빨리 가까워지게끔 만들려고 하면 아이는 큰 부담을 느낍니다.

　아이는 주변의 관심을 받을수록 말투나 행동도 자연스럽지 못해집니다. 이런 모습을 보는 부모 역시 또 속이 상해서 지적하지요. 사실 이것은 아이가 자신감이 없는 모습이 아니라 어떤 것을 좋아하고 즐기느냐의 차이입니다. 그런데 부모가 그걸 자꾸 아이가 자신감이 없는 것으로 해석하면 잔소리나 지적이 빈번해지고 그럼 진짜 아이가 자신감이 없어지는 상황이 됩니다. 게다가 외향적인 엄마의 욕구를 충족시키기 위해 아이를 데리고 모임이나 사람들을 자주 만나면 아이는 안정감을 얻기가 힘듭니다. 아이는 사람들과 계속 만나는 것이 매우 부담스럽기 때문입니다.

　내향적인 아이는 혼자 노는 걸 좋아할 수 있습니다. 이것이 자폐적인 양상이나 사회성의 문제를 말함은 아닙니다. 혼자 잘 놀아야 다른 아이들과 노는 것도 즐거울 수 있다는 것이지요. 그런데 외향적인 부모 눈에는 혼자 노는 아이 모습이 왠지 문제가 있어 보입니다. 그래서 아이가 유치원이나 학교를 다녀오면 여러 질문을 한꺼번에 쏟아냅니다. "이번에 새로 바뀐 선생님은 좋아? 누구하고 짝이 되었어? 선생님이 너에게 뭐라고 이야기했니?" 같은 부모의 질문에 아이는 "좋아."라며 한두 마디로 대답을 끝냅니다. 만일 아이의 대답이 시원치 않은 걸 부모가 고치려 들면 아이는 엄마에게서 알게 모르게 '너는 틀렸다'는 부정적인 피드백을 받게 됩니다. 그 결과 아이의 자신감은 떨어지고, 자기만의 친구를 만들지 못해 주변을 맴도는 아이가 될 수 있습니다.

이처럼 아이의 기질을 엄마가 점점 문제로 여기면 아이는 자신에게 문제가 있다고 생각하게 됩니다. 그래서 사람들을 만나면 '친해져야 한다는 지나친 강박관념'이 생깁니다. 그 결과 아이의 내향적인 기질이 자신감이 없거나 바깥에 대한 두려움으로 바뀌어 버립니다. 또한 지나치게 한 친구에게만 의존하게 되어 그 친구의 상황에 따라 상처받는 일들이 많아질 수 있습니다.

내향적인 걸 문제로 보는 시각을 버리자

우선 내향적인 아이를 문제라고 생각하는 자신의 관점을 바꾸십시오. '아, 우리 아이는 사람을 만나는 것을 별로 좋아하지 않는구나.' 이렇게 인정을 하고 나서 다시 아이를 보십시오. 아이가 낯선 사람, 처음 만나는 사람과 잘 놀 거란 기대를 마시고, 아이가 별 반응이 없더라도 그냥 지켜보십시오. 만남이 몇 번 반복되면 아이가 조금씩 상대방에 대해 마음의 문을 열 것입니다. 그렇게 하도록 아이가 같은 사람과 지속적으로 만나도록 기회를 주십시오. 아이가 학교나 유치원을 처음 갈 때도 익숙한 상황을 연출하는 것이 중요합니다. 입학 전에 미리 구경 삼아 아이와 학교에 몇 번 가보는 것이 좋습니다.

아이에게 처음부터 여러 명의 친구를 만들게 하려고 하지 마십시오. 아이가 우선 한 친구를 오랫동안 만나면서 친구관계가 조금씩 만들어지고, 그것이 익숙해지면 새 친구를 만날 것입니다. 처음부터 아이를 2~3명의 친구와 어울리게 하면 아이가 그 사이에 끼어들지 못하게 되고 그 모습을 보는 부모의 속도 터집니다. 물론 아이가 2~3명의 친구들과 만나는 걸 좋아한다면 상관없습니다. 만일 그렇더라도 내향적인 아이는 함께 어울리기보다 친구들이 노는 모습을 지켜보면서 즐길 수도 있습니다.

만일 아이가 혼자서만 놀려고 하고 사람들을 지나치게 거부할 때는 우선 집에서 부모와의 관계가 어떤지 점검해보세요. *부모와 아이가 얼마나 친밀하고 잘 지내느냐에 따라 바깥에 대한 태도가 결정되기 때문입니다.* 먼저 아이와 부모가 통하는 통로를 만들어 보십시오. 어떤 통로를 찾을 수 있을까요? 어떤 활동들이 아이와 잘 통하는지 찾아보십시오. 아이와 함께 놀아주는 것일 수도 있고 안아주는 것일 수도 있습니다. 아이의 활동을 대신해주려 하지 말고 아이에게 관심을 갖고 아이와 통한다는 느낌을 갖도록 노력해야 합니다. 그러려면 아이의 특징을 자세히 살펴보는 것이 중요합니다. 아이가 어떤 놀이를 즐겨 하는지 관심을 보여주십시오. 예컨대 레고로 뭔가를 만들고 놀면 "와~ 잘 만들었네. 멋있다. 이게 뭐야?"라고 가볍게 관심을 보여주십시오. 그러면서 아이와의 통로를 조금씩 만드는 것입니다.

또한 아버지의 역할 비중을 늘리는 것이 필요합니다. 특히 남자아이를 둔 아버지는 반드시 그래야 합니다. 어떻게 비중을 늘리냐구요? 많은 아버지들이 무척이나 바쁩니다. 정확히 마음이 바쁘지요. 정말 중요한 일이라면 시간을 낼 수 있는데 아버지의 역할에 대해서는 시간이 없다는 핑계를 많이 대거든요. 만일 엄마가 아빠의 역할을 끌어내고 싶다면 잔소리보다는 아빠의 기분을 맞춰주는 방식이 좋습니다. 사실은 부부의 모습이 제대로 세워져야 부모의 역할이 제대로 나올 수 있거든요. 특히 아버지의 역할을 유도하는 데 있어서는 말입니다. 아이가 엄마보다는 아빠와 하면 좋을 놀이를 즐긴다면 아빠의 참여는 반드시 필요합니다.

내향적인 아이는 대화할 때도 말하기보다는 듣는 걸 좋아합니다. 그러니 다른 사람들에게 인사할 때도 아이에게 억지로 활달하게 "안녕하세요!" 혹은 "ㅇㅇ야, 안녕!" 식으로 하라고 시키지 말고 눈인사나 배시시 웃는 웃음도 인사로 인정해주세요. 친척들이나 이웃에게도 아이의 기질을 설명하고, 인사를 너무 강요하지 않도록 부탁하십시오. 어른이 먼저 인사를 할 수도 있지요. 그러다 보면 아이는 낯선 사람과 인사하는 것에 익숙해지고 자연스럽게 먼저 인사를 잘하게 될 것입니다.

　내향적인 기질 자체가 문제는 아니기 때문에 공부나 학습적 상황에서는 아이를 걱정할 일이 없습니다. 단 부모가 아이의 학습을 위해 너무 끌고 다니면 아이가 지칠 수 있으니 아이에게 맞춰 적절하게 조절하는 것이 중요합니다. 논술 그룹을 보면 다른 아이들이 어떻게 이야기하는지를 듣는 것도 배웁니다. 자신의 의사는 적게 표현하더라도 말입니다. 다시 말해 아이가 꼭 적극적이지 않다고 해서 소극적이라고 말할 수는 없다는 겁니다. 그 상황 자체를 인정해주면 분명 아이는 익숙해지고 배워나갑니다. 또한 1대 1의 관계에서는 여러 사람이 있을 때보다 편하게 여겨서 말을 훨씬 잘하기도 합니다.

　아이의 내향적 기질을 잘 받아들여주면 아이는 사람과의 만남에서 두려움을 갖지 않고 편안하게 깊이 있는 친구를 만들 수 있습니다. 내향적이라고 자신감이 없는 것은 절대 아닙니다. 자기표현도 충분히 할 수 있습니다.

# 내향적인 부모 눈에
'아이의 외향성'이 불편한 이유

이제 반대로 부모가 내향적이고 아이가 외향적일 때를 살펴봅시다. 내향적인 부모도 아이의 사회성을 걱정합니다. 자신과 달리 사교성 있는 아이가 너무 표피적인 만남만 할까 봐 말이지요. 이름도 잘 모르면서 한 번 놀았다고 '친구'라고 하는 아이를 보며 부모는 진실성 없는 만남을 불편해합니다. 외향적인 아이는 다양한 사람을 만나면서 즐거워하기 때문에 엄마에게 친구네 가자고 떼를 쓰는 일이 종종 있습니다. 부모 입장에서는 아직 서먹한 남의 집에는 가지 못하기 때문에 이런 아이 요구를 들어주기가 힘들지요. 남의 집에 놀러 가는 횟수가 적으면 아이는 한 번 가서 잘 안 오려고 하기 때문에 엄마는 스트레스가 쌓입니다. 내향적인 엄마 눈에 아이의 이런 모습이 창피함으로 다가옵니다. '우리 아이는 누굴 닮아서 저렇게 낯짝이 두꺼울까?'란 생각을 하고, 아이의 요구를 들어주지 않지요.

앞서 살펴본 기질들을 보면 알 수 있듯이, '기질적 욕구'를 억누르면 오히려 더 강해지고, 엇나가게 됩니다. 외향적인 아이도 마찬가지지요. 부모가 아이의 기질을 잘 받아주지 못하면, 아이는 자신의 관계 욕구를 풀지 못하게 됩니다. 기회가 적다 보니 한번 잡은 기회를 열심히 이용하려 듭니다. 점점 친구나 다른 사람을 만나는 것에 열중하느라 자기 할 일을 못하게 될 수도 있습니다. 친구 따라 강남을 가는 식으로, 자기의 생각이나 공부 등은 내팽개치고 친구들과 어울리는 데만 몰두하고 여기저기 기웃거리죠. 결과적으로 아이는 사람과 친해진다기보다 사람과의 관계가 얄팍해지고 겉핥기 식으로 됩니다. 내향적인 부모 입장에서는 자신을 위한 시간보다 남을 위해 시간을 쓰는 아이가 더욱 못마땅해집니다. 악순환이 되는 것이지요.

또한 내향적인 부모의 기질 때문에 아이와 부모 사이에서 기본적으로 쌓아야 할 관계에 소홀해지기 쉽습니다. 아이가 사교적으로 보이기 때문에 더욱 그렇지요. 아이에게 자기만의 시간을 보내는 법을 가르친다는 요량으로 함께 놀아주는 시간이 적을 가능성도 있습니다.

내향적인 부모 눈에는 외향적인 아이의 기질이 문제처럼 보입니다. 이웃의 '아이가 참 인사를 잘한다. 친근하다' 같은 칭찬도 잘 들어오지 않습니다. 아이가 좀 다소곳하고 얌전했으면 하지요. 부모의 이런 시각은 아이가 자라면서 '너는 너무 가볍다'는 부정적인 피드백으로 다가올 수 있습니다. 아이는 여기에 스트레스를 받게 됩니다.

내향적인 부모가 자기만의 시각으로 아이의 기질을 인정해주지 않으면, 아이의 기질이 좋지 않은 방향으로 나아가게 됩니다. 아이는 사람들은 많이 만나지만 심리적으로는 소외감을 많이 느껴서 왕따란 생각도 자주 합니다. 상대편의 상황을 고려하지 않고 불쑥 찾아가거나 별일 아닌 것으로 아무 시간대나 남에게 전화하는 등 다소 염치없는 행동도 하게 됩니다. 아이의 관계에 대한 욕구를 채워주지 못하면 상대에게 입에 발린 말이나, 거짓치레를 하면서 '남이 어떻게 받아들일까'보다 자신의 관심을 표현하는 데만 집중합니다. 적절한 사회관계를 맺지 못하는 것이지요. 결국 아이는 사람과의 관계에서 기질적 욕구를 충분히 채우지 못하므로 인간관계를 표피적으로 맺을 수밖에 없게 되는 겁니다. 아이는 중심이 없이 사람을 얻으려고 이리저리 헤맬 수 있습니다.

부모를 향한 깊은 믿음이 외향적 아이를 단단하게 만든다!

외향적인 아이를 대할 때 부모는 중심을 잘 잡아야 합니다. 사람과의 관계에서 가장 기본이고 중심이 되는 것은 부모입니다. 아이의 성향을 인정하는 것도 중요하지만 부모가 아이에게 어떤 사람보다 중요한 위치에 있어야 합니다. 부모나 주변 사람이나 관계의 질이 비슷하다면 아이는 표피적인 인간관계를 만들 가능성이 큽니다. 부모와 아이 사이에는 누구와도 맺을 수 없는 신뢰감, 믿음이 깔려야 합니다. 그렇지 않으면 아이는 끊임없이 사람들을 찾아 다닐 것입니다. 만일 자신의 내향적 성향으로 아이를 방치했다는 생각이 든다면 이제부터라도 아이의 모든 것을 같이 해주세요. 아마 아이는 엄마의 사소한 관심에도 무척 좋아할 것입니다. 공부나 독서도 좋고, 요리나 빨래 개기 등에도 아이를 불러 보십시오. 부모의 긴밀한 믿음과 관심이 있으면 아이는 다른 사람들 속에서 관계 요구를 과도하게 채우려 들지 않을 겁니다.

그렇다면 내향적인 부모는 어디에서 에너지를 받나요? 부모는 틈틈이 휴식 시간을 마련해야 합니다. 누워서 쉬든, 책을 읽거나 운동하든 '나만을 위한 시간'을 가지십시오. 그렇지 않으면 얼마 가지 않아 에너지가 없어서 아이에게 맞춰주지 못하게 됩니다. 스스로를 챙겨가면서 아이를 돌아보십시오.

엄마가 개인적인 시간을 가질 수 있도록 아빠가 아이와 시간을 보내는 것도 방법입니다. 어떤 아빠는 토요일 몇 시간은 엄마에게 자유 시간을 주고 자신이 아이를 돌봅니다. 이런 집은 서로 배려하기 때문에 모두 마음이 기쁘지요. 누가 먼저 할 것인가를 따지지 말고, 남편의 시간, 아내의 시간을 잘 맞추어 배려해보십시오.

아이와 소통할 때는 부모가 귀를 열어두고 듣기만 해도 좋습니다. 그것이 부모에게 편할 수 있습니다. 아이는 부모에게 '자신을 어떻게 생각하는지, 친구가 날 좋아하는지' 등에 대한 질문을 하는데, 이에 대해 내향적 기질의 부모는 대답하기 쉽지 않습니다. '너희의 관계를 내가 어떻게 알겠니?'란 생각이 들기 때문이지요. 외향적인 아이가 다른 사람들에게 관심을 갖는 걸 무조건 막지 마시고 관심 자체는 인정을 해주십시오. 아이의 질문에 대답해줄 수 없을 때는 "미안해. 이건 어른들의 일이라서 말이야."라고 양해를 구하세요. 아이가 '어제는 그 친구와 절친이었는데 오늘은 이 친구와 절친이야' 식의 이야기를 해도, "사람들을 그렇게 쉽게 사귀면 안된다."고 말씀하지 마세요. 그것은 내향적인 부모의 관점이거든요.

아이가 공부할 때도 공부보다는 사람과의 만남이 우선인 기질이란 걸 받아들여야 합니다. 친구를 따라서 학원에 가고 배우는 걸 즐기는 기질인 것이지요. 무턱대고 아이를 이 학원, 저 학원에 보낼 순 없지만 아이의 기질을 인정해주고 너무 크게 걱정하지는 마세요. 사교적인 아이는 부모와 친밀감을 충분히 느낄 수 있어야만 바깥으로 돌지 않습니다. 아이는 부모에게 친밀감을 원하는 활동을 계속 요구할 것입니다. 이런 활동들을 잘 들어주면 부모의 걱정이 해결될 것입니다.

이렇게 부모의 노력으로 아이의 기질이 잘 성장하게 되면 아이는 친절하고 상황 파악을 잘해서 다른 사람도 배려하며 사람을 잘 사귀는 성품으로 자라납니다. 물론 자기 할 일도 잘 해내면서 사람과의 만남을 즐기게 될 것입니다.

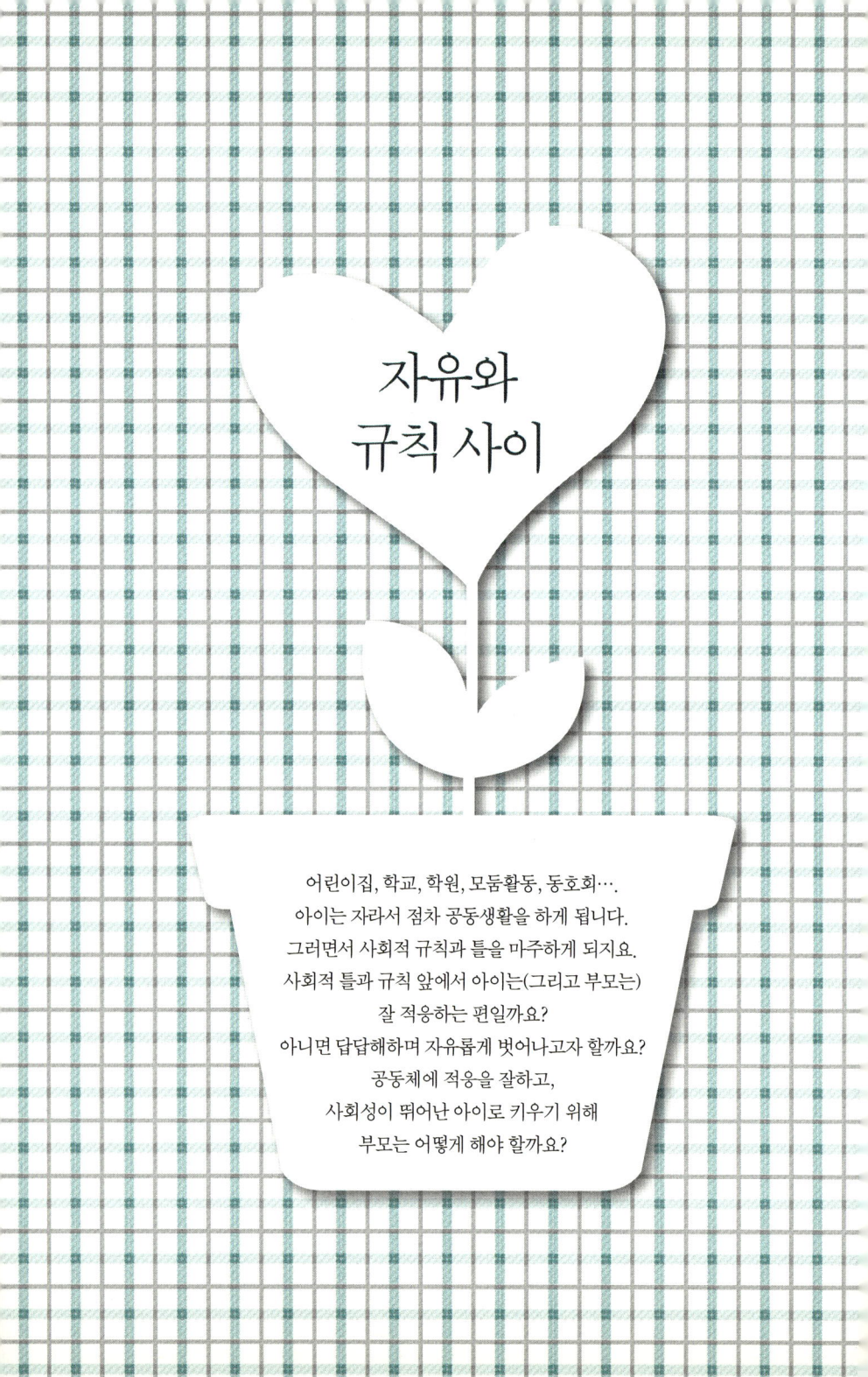

자유와 규칙 사이

어린이집, 학교, 학원, 모둠활동, 동호회….
아이는 자라서 점차 공동생활을 하게 됩니다.
그러면서 사회적 규칙과 틀을 마주하게 되지요.
사회적 틀과 규칙 앞에서 아이는(그리고 부모는)
잘 적응하는 편일까요?
아니면 답답해하며 자유롭게 벗어나고자 할까요?
공동체에 적응을 잘하고,
사회성이 뛰어난 아이로 키우기 위해
부모는 어떻게 해야 할까요?

사회의 틀을 바라보는
아이와 부모의 차이

　이 세상의 공동체 일원으로 살아가면서 우리는 사회적 틀, 즉 규칙을 배우게 됩니다. 부모와 아이도 마찬가지로 규칙을 배우고 그 가치를 공감하게 되지요. 사회적 규칙으로 인해 우리 모두는 건강하고 즐겁게 생활하고 각자의 삶을 잘 영위할 수 있습니다. 하지만 이 규칙을 바라보는 데도 사람의 기질이 작용하게 됩니다. 이 기질적 차이를 이해하지 못하면 사회 일원으로 부모와 아이가 살아가는 데 매우 한정된 시야를 갖게 됩니다. 사회적 상황에서의 충돌이 커지게 된다는 것이지요. 자, 그럼 이 부분에서 어떤 기질 차이가 생기는지 살펴볼까요?

먼저 규칙에 잘 적응하는 기질이 있습니다. 흔히 모범적이라 평가 받는 이들은 융통성 면에서는 아쉽지만 매우 논리적이지요. 틀을 벗어나지 않고 업무 처리에 능숙해 보입니다. 말도 논리적인 편이라 자칫 '따지는 것처럼 들리거나' 잘난척한다고 오해를 받을 소지도 많습니다. 이 기질의 사람들은 질서를 잘 지킵니다. 공공장소 규칙을 잘 지키고 그것을 지키지 않는 사람들은 '소인배'로 봅니다. "어떻게 질서를 지키지 않는 몰상식한 행동을 하냐?"면서 말입니다. 규칙과 논리가 너무 당연하고, 당당하기 때문에 주변 상황의 변수나 사람들의 감정에 크게 개의치 않습니다. 그런 면이 다른 사람들에게 상처를 줄 수도 있지요.

그렇다고 이 기질의 사람들이 꼭 도덕적이라고 할 수는 없습니다. 일상적인 면은 규칙적이고 정돈되어 있으나 삶 자체는 그렇지 못한 사람도 많습니다. 다시 말해, 집안에서 규칙을 잘 지키는 사람이 바깥의 규칙(법, 도덕성)을 잘 지킨다고 할 수는 없습니다. 이런 면에서 보면 이 기질은 '틀대로 움직이기를 기대하는' 사람이라고 보는 편이 맞을 것입니다. 만일 이 기질의 사람이 도덕적인 잣대를 틀로 받아들이지 않는다면 '사회적인 틀'의 의미는 없어지기도 하기 때문입니다.

자, 이제 규칙을 싫어하는 기질에 대해서 이야기해볼까요? 이 사람들은 규칙과 틀을 보면 구속받는 느낌에 답답해합니다. 틀 자체가 시대에 뒤떨어진 것 같지요. 규칙보다는 '마음 가는 대로' 행동하는 편이라 매우 자유분방합니다. '남들이 정해주는 대로' 생각하는 걸 무척 싫어합니다. 하지만 분명한 건, 이 기질의 사람들이 틀을 의도적으로 거부(고집이 센 아이의 경우 사회적 틀을 통제 도구로 인식해 의도적으로 거부합니다)하는 게 아니라는 겁니다. 그저 이 사회적 틀이 불편하기 때문에 따르지 않는 것입니다.

이 자유로운 영혼들은 감성적입니다. 머리로 생각하지 않기 때문에 가슴의 느낌이 무척이나 중요합니다. 아무리 해야 하는 일이라 해도 내 감정이 내키지 않으면 할 수가 없지요. 감정이 동하면 이성적인 행동도 나옵니다. 대체로 마음이 가는 대로 움직여서 물건에 대해 싫증도 잘 내고 변덕이 심해 보이지요.

자유로운 기질의 사람들은 떠오르는 생각에 따라 즉흥적으로 행동하는 편이라 상당히 엉뚱합니다. 때론 직감을 지나치게 믿고 엉뚱한 논리를 만들어내기도 하지요. 상황을 직관적으로 이해하다 보니 자기중심적으로 보기도 하고 사실과 상관없는 느낌들을 많이 표현합니다. 그래서 산만하게 보일 수도 있습니다. 관심 분야도 들쭉날쭉이지만 일을 만들고 뒤처리를 하지 않아 다른 사람이 감당하게 되는 경우도 있습니다.

'규칙을 지키지 못하니깐 넌 나쁜 아이야!'라는 지적의 함정

　부모가 규칙을 준수하고 논리적인 기질인데 아이는 자유로운 편이라면 생활에서 가장 많이 부딪히는 면이 바로 시간 사용입니다. 부모는 스케줄에 따르기를 원하는데 아이는 스케줄 자체를 싫어하지요. 그러다 보니 대개 부모가 아이에게 정해진 스케줄을 강요하는 일들이 벌어집니다.

　이를테면 아이가 학교를 갔다온 뒤 숙제를 해야 하는데, 어느 날은 오자마자 하고, 어떤 날은 다음 날 아침에 일어나서 하기도 합니다. 부모가 보기에 숙제 시간이 정해져 있어야 올바른 생활방식 같지요. 그 결과 아이의 주먹구구식 행동을 바로잡으려 듭니다. 기질의 충돌이 일어나는 것이지요.

아이는 어떤 날은 기분이 좋은지 "엄마, 나 이제부터 뭐든 열심히 하기로 했어요!"라고 말하고, 다음 날이 되면 언제 그랬냐는 듯이 할 일을 대충 합니다. 부모는 아이의 모습이 불안정해 보여서 "생각 좀 하고 말해라!"라는 야단을 자주 하게 됩니다. 야단을 자주 맞으면 아이는 감정을 상하게 되고, 뭔가를 하고 싶은 동기가 줄어들게 됩니다.

가장 많이 부딪히는 생활영역 중 하나는 정리정돈입니다. 부모는 집 안을 깔끔하게 정리하고, 물건도 제자리에 지정해놓지요. 그런데 아이가 집에 들어서는 순간 이 모든 질서는 깨지고 맙니다. 아이는 옷도, 책가방도 아무 데나 두기 때문에 부모에게 잔소리를 안 들을 수 없지요. 자유로운 기질의 아이는 방도 엉망진창인 편입니다. 아이는 책상에 가득 쌓인 책들을 밀치고 숙제나 공부를 합니다. 아무런 방해를 받지 않고 말입니다. 부모는 이 정신없는 풍경을 견디기 힘들어 합니다. 그래서 아이를 야단치면 아이가 "전 지금 공부하고 싶을 때 해야 한단 말이에요. 이걸 치우고 나면 공부할 마음이 다 사라질지도 몰라요."라고 답하지요.

부모와 아이는 틀과 규칙 앞에서 늘 갈등이 생깁니다. 부모는 아이에게 집안의 규칙들을 어릴 때부터 강조하지요. "밖에 나갔다 오면 손발은 꼭 씻어라. 옷은 옷걸이에 걸어라. 밥을 먹을 때는 소리 내지 말고 10번 이상 씹어서 먹어라." 등등. 하지만 아이는 이런 규칙을 듣기도 싫어합니다. 공부할 때도 부모는 순서대로 차근차근 하길 원하지만 아이는 책을 힐끗 보고 마음에 드는 부분부터 하려 듭니다.

이런 모든 부분들이 부모는 도저히 이해되지 않는 것이지요. 그렇다 보니 부모는 자유로운 기질의 아이에게 열등한 존재라는 인식을 지속적으로 줍니다. 부모가 보기에는 '틀을 지키지 못하는 나쁜 아이'니까요. 부모가 아무리 논리적으로 설명해도 아이는 자신의 기분을 전혀 알려 하지 않는 부모가 서운하기만 합니다. 그러다 자칫 아이의 자존감이라도 다치면 아이의 행동은 더 느슨해지고 부모의 말을 아예 들으려 하지 않습니다. 아이는 다른 사람이 부모와 비슷한 태도를 보여도 지레 거부하게 됩니다. 다시 말해 '틀' 자체를 거부하게 되는 것이지요.

이런 아이 마음에는 '자기의 기분을 부디 부모가 알아주었으면 하는 바람'이 있습니다. 아이는 나름대로 부모에게 자신의 마음을 이야기하려고 시도합니다. 하지만 부모는 늘 아이에게 원칙만 가르치려 들지요.

예컨대 아이가 감기가 들어서 "엄마, 병원에서 치료하면 아프지? 가기 싫은데…. 근데 어제보다 아프면 어떡하지?"라는 말을 하자 엄마는 "병원 치료는 당연히 아프지만 나으려면 참아야지. 걱정한다고 달라지는 건 없단다."라고 이야기하지요. 이렇게 소통이 엇나가는 것이 반복되면 아이는 점점 마음의 문을 닫게 됩니다. 아이가 학교에서 힘든 일이 있어도, 심지어 왕따를 당해도 혼자 끙끙 앓다 문제가 커질 위험이 있다는 것입니다.

그렇다면 원칙으로 답하는 부모의 표현이 잘못된 것일까요? 그렇다고 볼 수는 없지만, 논리적이고 규칙을 준수하는 부모는 은연중에 아이의 표현을 단속한다는 걸 알아야 합니다. 즉흥적이고 감정적인 모습을 좋지 않게 보는 시각 때문이지요. 혹시 아이에게 "속이 상해도 말을 함부로 하지 마라" 같은 말을 자주 하고 있지는 않나요? 아이가 넘어져도 "네가 잘못한 거니까 울지 말고 일어나렴."이라고 말하지 않나요? 이것은 아이의 기질을 전혀 고려하지 않는 모습입니다. 자유로운 기질의 아이는 감정적인 공감을 원합니다. 아이는 스스로 일어나기 싫은 것이 아닙니다. 그저 "아팠어?"라는 말 한마디가 무척 듣고 싶을 뿐입니다. 그런데 부모 눈에 아이의 이런 모습은 '의지박약'처럼 비춰지지요. 부모는 기질상 마음이 내키지 않아도 상황에 맞춰 싫은 마음을 누르고, 하려는 의지를 가질 수 있고 생각하죠. 이런 면이 자유로운 기질의 아이와 충돌하는 것입니다. 아이는 의지가 약한 것이 아니라 상황에 자신을 맞추지 않는 것입니다. 아이는 옳고 그름보다 자신의 감성이 중요하니까요.

아이의 창의성을 평범하게 만들어버리는 부모의 실수

원칙적인 성향으로 인해 부모는 아이의 자유로운 기질이 지닌 장점을 놓치기도 합니다. 생각도 기발하고 엉뚱한 말도 많이 하는 아이의 모습에는 창의성이라는 어마어마한 장점이 있습니다. 하지만 부모 눈에는 그것이 틀린 것으로 보이지요. 예컨대 아이가 그림을 그리는데 사람 머리가 아래에 있고 다리를 위로 그리면 부모는 "사람은 이렇게 생기지 않았다."고 정정해주겠지요. 아이가 길거리에서 나뭇가지를 주워와 뭔가를 만들려 하면 부모는 "길에서 지저분한 것을 주워오면 안 된단다."라며 갖다 버립니다. 이와 같이 아이와 부모가 사물이나 상황을 보는 눈에 확실히 차이가 있다 보니 부모는 아이의 창의성을 키우기는커녕 지속적으로 누르게 되는 것이죠. 어쩌면 규칙 기질의 부모는 창의성조차 어떤 프로그램에서 배워야 하는 것으로 생각할지 모릅니다. 그런 프로그램이 도움이 될 수도 있지만 정말 창의적인 아이를 틀에다 맞추는 꼴이 될 수도 있습니다.

이렇게 서로의 기질을 모른 채 충돌만 되풀이하면 아이에겐 해결되지 않은 감정들이 쌓입니다. 이것이 분노가 되어 가끔 감정이 폭발합니다. 부모에게 자기감정과 행동을 이해받고 싶어서 유치하고 나이에 맞지 않는 행동들을 할 수 있습니다. 규칙을 대할 때도 지나치게 거부하거나 무조건 순응하는 식의 극단적 태도를 취하지요.

부모가 아이의 감정을 억누르면 아이는 집중이 필요한 장소에서 산만하게 행동합니다. 주의력 장애가 있는 것도 아닌데 말입니다. 또한 아이가 자신의 창의성을 이상하게 여길 수도 있습니다. 그 결과 자아상이 삐뚤어지게 되고, 정말 삐뚤어진 행동을 합니다.

아이의 기질을 몰라봄으로 인해 이런 상황까지 가고 싶은 부모는 없을 겁니다. 그렇다면 자유로운 아이 기질에 대해 어떤 태도를 취해야 할까요?

규칙과 틀은 아이와 함께 결정해야 한다

규칙을 준수하는 부모의 생각과 가르침은 분명히 옳습니다. 그러나 이러한 생각이 자칫 아이의 감정을 억누르고 몰아붙입니다. 그러다 보면 아이는 갈 곳이 없죠. 부모 기준에서 맨날 아이는 틀리거든요. 이런 아이를 가끔 용서해주십시오. '이것은 틀리고, 저것은 맞고, 너는 뭐가 잘못 되었고….' 이런 식으로 할 말을 다 하고 용서하는 것이 아니라, 간단하게 "이제, 이런 것은 하지 마라."라는 한마디만 하는 겁니다. 이 한마디가 더 영향력이 있을 수 있습니다.

자유로운 기질의 아이는 약속 시간에 대해 크게 구애를 받지 않습니다. 부모 입장에서 보면 사회생활에서 이러한 태도는 큰일 날 일이지요. 약속 시간의 중요성을 가르치되 아이가 그 시간을 지킬 수 있도록 도와주어야 합니다. 아이 스스로 지키려면 그 시간이 아이에게 의미가 있어야만 합니다. 먼저 부모는 약속 시간이 아이에게 의미 있는 시간인지를 파악해보세요. 그래야만 다른 사람과의 관계에서 약속의 중요성을 배울 수 있습니다.

아이가 일상생활에서 아무렇게나 행동하는 것들도 어느 정도 조절해야 합니다. 이를 위해 앞서의 노력과 함께 조절할 것을 아이와 하나씩 정해 나가세요. 책가방을 제자리에 놓을 것인지, 옷을 옷걸이에 걸 것인지 등을 아이와 합의하고 아이에게 협조를 구하세요. 만약 아이가 책가방을 아무렇게나 두면 거두절미하고 "가방을 제자리에 갖다 놔줄래?"라고 말하세요. 아이가 제자리에 갖다 놓으면 "고마워."라고 답해주세요. 그 다음 날도 같은 톤으로, 같은 말을 해주세요. 아이에게 가르치려 들거나 야단을 치지 마시고 해야 할 행동을 반복해서 이야기해주세요. 그러면 아이는 하나씩 고쳐 나가려고 노력할 것입니다. 자신을 받아주는 부모에게 뭔가 보답하고 싶은 마음이 생기기 때문입니다.

뭘 잘못했는지 설명해주지 않으면 아이가 모른다구요? 그렇지 않습니다. 아이는 너무 많이 들었기 때문에 잘 압니다. 그래서 과감하게 그냥 넘어가도 됩니다. 그렇다고 해서 아이가 잘못되지는 않습니다. 용서를 받은 아이는 감동을 하죠. 이 감동은 오히려 부모의 옳은 가르침을 받아들이게 만듭니다. 부모의 좋은 틀과 가르침을 어떤 식으로 해야 아이가 수용할지 생각해보십시오. 부모는 기질상 그냥 옳다는 생각이 들면 수용할 수 있습니다. 그러나 자유로운 아이는 옳다 하더라도 충분히 내 감정을 알아준다는 느낌이 생겨야만 그것을 할 수 있습니다. 즉 아이의 감정에 대한 고려가 우선되어야 한다는 것입니다.

아이의 감정을 어떻게 고려할까요? 아이가 "나 형이 없으면 좋겠다."라고 말한다면 이것을 액면 그대로 받아들이지 말고 왜 아이가 이런 말을 했을지 아이의 감정을 생각해보십시오. 아이는 형 때문에 화가 났습니다. 그러면 그 감정대로 '형 때문에 속이 많이 상했니?'라고 반응해주십시오. 아이가 감정을 표현했다고 해서 그대로 행동하는 건 아니니 너무 염려하지 마세요.

그런데 모범적인 부모는 감정을 잘 표현하지 않습니다. 말도 해도 되는 것과 안 되는 것이 강하게 구분되어 있지요. 하지만 필요한 말만 하다 보면 '옳은 말도 기분 나쁘게 들릴 수도 있습니다.' 이제 부모님들도 감정을 표현하는 연습을 해보세요. '속상하다, 기분이 나쁘다, 즐겁다.' 같은 감정과 관련된 단어도 자주 사용해보세요. 혹 지금 당장 감정을 잘 드러내는 것이 쉽지 않다면 아이에게 원칙을 설명하는 것부터 멈추세요. 설명 없이도 아이는 잘 배웁니다. 그 대신 아이의 말에 "응, 그래."라는 표현들을 써보십시오. 아이의 말을 그대로 되받아주면 됩니다. "엄마! 미워!"라는 말에도 "그래? 엄마가 미워?"라고 받아주기만 해보세요.

아이가 "나는 커서 일도 안 하고 먹고 놀기만 했으면 좋겠다."라고 말하면 모범적인 부모 마음은 어떨까요? 가슴이 내려앉지요. 하지만 아이가 정말 앞으로 게으른 사람이 될 것처럼 반응할 필요는 없습니다. 아이가 이런 말을 하면 "그래? 놀았으면 좋겠어? 무슨 놀이를 하려고?"라고 받아보십시오. 그러면 아이는 자기 생각들을 이야기합니다. 부모가 자기 생각을 들어준 것 같아 만족감을 느끼지요. 이렇게 들어줬다고 아이가 앞으로 일을 하지 않을까요? 절대 그런 일은 없습니다. 현재에 만족할 수 있다면 앞으로의 삶에도 최선을 다 할 수 있습니다.

가장 핵심은 아이와의 '감정적 공감'

부모의 틀대로 아이를 고치려 들면 아이는 부모가 자신의 모습을 사랑하지 않는다고 생각합니다. 이런 아이에게 "아니야, 내가 널 얼마나 사랑하는데."라고 100번 이야기해도 아이는 못 느낍니다. 어디부터 이렇게 얽힌 걸까요? 이것은 사랑을 부모 입장에서 줬기 때문입니다. 규칙이 잘 맞는 부모는 아이의 행동을 잡아주는 게 사랑이라고 생각합니다. 하지만 아이에게 그런 행동은 야단일 뿐이지요. 그러면 어떻게 사랑을 전달해야 할까요?

자유로운 아이의 즉흥적인 감정, 말, 놀이 등을 그대로 인정해주어야 합니다. 여기서 인정한다는 것은 "네가 하고 싶은 대로 해라."라는 것이 아니라 "너는 이러이러한 것을 하고 싶은 거구나."라는 감정적 공감에서 출발합니다. 감정적인 공감은 구체적으로 어떻게 해야 할까요? 우선 관찰하십시오. 아이가 즉흥적인 감정과 이야기, 뭘 먹으면, 어디를 가면 좋아하는지를 말입니다. 관찰은 매우 중요합니다. 규칙적인 기질의 부모는 아이에게 유익한 것부터 생각합니다. 그러다 보니 아이의 선택을 배려하지 못하지요. 아이가 놀이공원을 원하는데, 부모는 아이의 정서를 위해 음악회를 갑니다. 자유로운 기질의 아이는 이것을 구속으로 느낍니다. 이때 관찰은 부모에게 도움이 됩니다.

어떤 부모님은 이렇게 항변합니다. 어떻게 애들이 원하는 대로 다 하냐구요. 맞습니다. 원하는 대로 다 할 수는 없지요. 하지만 아이의 자유로운 기질을 존중하지 않으면 부모가 아이에게 원하는 일정한 행동 틀을 기대할 수 없습니다. 먼저 아이를 관찰하고 감정을 인정해주세요. 그래야만 아이는 '부모가 내 마음을 알아주는구나!'라고 공감하고, 행동을 변화해갑니다.

그리고 아이와 함께 활동하십시오. 아이가 호기심을 보이고 좋아하는 것에 부모도 같은 시선으로 봐주세요. 만약 아이가 종이접기를 좋아한다면 종이접기를 같이 해보세요. "와, 뭘 접고 있는 거야? 멋있다!"라고 말하면서요.

아이의 엉뚱함은 창의력이고 잠재력이다!

자유로운 기질의 아이는 교육에 초점을 맞추기보다 즐기고 좋아하는 것을 하다 보니 교육적인 효과도 있는 방식이 바람직합니다. 아이가 즐거워해야 교육적인 접근도 가능하기 때문입니다. 또한 규칙 기질의 부모는 반복이 편하지만 자유로운 기질의 아이에겐 (특히 창의력이 뛰어난 아이는) 반복처럼 싫은 게 없습니다. 그러니 공부할 때도 반복을 강요하지 마세요. 연습을 해야 한다면 며칠이 지난 뒤 보여주거나, 띄엄띄엄 접근하는 것이 좋습니다.

또한 아이가 엉뚱한 행동을 하더라도 그것을 이상하게만 보지 말고 놀라운 능력으로 봐주세요. 아이의 엉뚱한 발상에 '가능하다, 틀리다'의 잣대는 거두고 "와! 너 어떻게 그런 생각을 했니?"라고 받아주세요. 그것이 쉽지 않다면 그냥 자유로이 놔둬도 좋습니다. 그러기만 해도 아이의 창의력은 자랄 것입니다. 과연 이것이 창의력인지 문제 행동인지 모르겠다면 창의력 테스트 기관에서 도움을 받는 것도 방법입니다.

부모가 이렇게 다가오면 자유로운 기질의 아이는 자신의 장점을 잘 살릴 수 있습니다. 창의력과 규칙을 잘 조화시키고, 직관적인 능력도 잘 발달하게 됩니다.

자유분방한 부모로 인해 흔들리는 아이의 도덕성, 감정기복

부모가 자유로운 성향이고 아이가 틀을 중시하는 성향일 경우에는 어떨까요? 부모가 자유로운 기질이라면 아이에게 절대 틀을 강요할 일은 없을 겁니다. 아이가 크면 다 알아서 할 거란 생각도 있지요. 아이의 밥도 장소에 상관없이 식탁에서나 TV 앞에서나 먹게 하는데, 이렇다 보니 아이에게도 점점 질서가 없어집니다. 아이가 아무리 기질적으로 규칙적이고, 논리적이라 해도 어릴 때는 대부분 질서가 없습니다. 규칙에 대해서도 통상적인 규칙이 아니라 '자기가 정한 규칙'을 지키길 바라지요.

만약 아이가 유치원 선생님의 말을 따라야 한다고 정했다면 꼭 따르려고 합니다. 이 규칙은 어떤 상황에서도 지켜져야 하지요. 하지만 부모는 굳이 지키지 않아도 된다는 생각에 아이의 규칙을 대수롭지 않게 생각합니다. 예컨대 "오늘은 원복을 입고 오세요."라는 말을 선생님이 전하면 부모는 꼭 입히지 않아도 마음이 불편하지 않습니다. 하지만 아이는 다릅니다. 만약 아침에 부모가 원복을 입히지 못하면 아이는 대성통곡을 하기도 합니다. 이런 상황이 반복되면 아이는 부모를 '나를 제대로 지켜주지 못하는 사람'으로 여기게 됩니다. 그 결과 아이는 더 스스로 챙기려고 들고 매사에 긴장하게 됩니다. 언뜻 보면 스스로 잘하는 아이처럼 보일지 모르지만, 아이는 긴장 속에서 스스로를 챙기느라 에너지를 무척 많이 소모합니다. 그에 따라 신경이 곤두서게 되고 조금이라도 규칙에서 벗어나면 힘들어합니다.

자유로운 기질의 부모 눈에는 이런 아이의 모습이 답답해 보입니다. 아이가 지나치게 고지식해 보이지요. 일부러 아이의 틀을 깨려고 의도적으로 규칙을 지키지 않는 일도 생기지요. 그런데 부모와 반대 기질인 아이는 틀이 있어야 안정감이 듭니다. 그런데 부모가 자꾸 자기의 틀을 위협하니 불안해지고, 더 견고하게 틀로 자신을 보호합니다. 이렇게 틀이 지나치게 강해지면, 아이의 인간관계나 상황에 대한 융통성과 순발력이 떨어지게 됩니다.

자유로운 기질의 부모는 자기감정이 안정적일 때는 아이의 기질을 잘 받아주지만 자기감정이 좋지 않으면 아이의 틀이나 요구를 존중해 주지 않습니다. 그러다 보면 아이는 기분에 따라 달라지는 부모의 행동에 자꾸 눈치를 보고 혼란을 느낍니다. 감정의 혼란은 그 자체로 그치지 않고 아이에게 심한 감정적 기복을 만들 수도 있습니다. 또한 부모는 기질상 모든 상황에 대한 공감이 우선이기 때문에 정에 약해져서 일관성이 없을 가능성이 많습니다. 논리적인 기질의 아이는 부모가 이랬다, 저랬다 하는 태도를 지적하기도 하지요. 부모는 아이한테 들은 질책을 귀찮아하기 일쑤고, 아이는 부모의 반응에 '내 말을 듣기 싫어한다'는 오해를 할 수 있지요.

자유로운 기질의 부모에게 우려되는 점이 있다면 아이의 도덕성 발달입니다. 부모의 기질이 자유롭다 보니 도덕적인 상황에서 뚜렷한 기준 없이 대충 넘어가서 문제가 생길 수 있습니다. 유치원 시절에 아이들이 남의 물건을 그냥 집어오는 일도 있는데, 부모가 이런 일에 대해 분명하게 해결하기보다 '남들이 우리 애를 이상하게 보면 안 되지'란 생각에 몰래 갖다 놓으라고 한다든지, 그냥 넘어가는 식의 처리도 자주 합니다. 이런 상황이 반복되면 아이는 남의 것, 내 것에 대한 경계가 불분명해지고 아이 도덕성에도 부정적인 영향을 받게 됩니다.

이와 같이 부모가 자유분방한 편이라면 부모와 아이 사이에 원칙이 지나치게 없어서 아이가 불안해지거나 아이가 부모를 믿지 못하는 상황이 생길 수 있습니다. 기질적 충돌이 잦아지면 아이는 자신이 지키려는 틀을 더 굳건히 해서 상황을 이해할 때 융통성이 없어질 수 있습니다. 부모가 아이의 기질을 정서적으로 지지해주지 않는다면 아이는 사소한 것조차 그냥 넘어가지 않고, 주변을 불편하게 만드는 성향으로 자라나게 됩니다.

아이에게 규칙은 삶의 수단이다

아이의 기질과 잘 맞춰나가려면 부모가 우선 아이의 틀을 아주 중요하게 여겨야 합니다. 규칙을 준수하는 아이에게는 틀 자체가 매우 중요한 삶의 수단입니다. 이것을 우습게 여기면 아이를 우습게 여기는 것과 같습니다. 그러니 아이가 정해놓은 규칙을 되도록 존중해주세요. 규칙이 비현실적이고 부모 눈에 별로 필요 없는 것 같아도 말입니다. 아침에 깨워달라는 시간에 깨워주고, 아이가 읽겠다고 하는 책을 빨리 사주세요. 아이의 틀이 남에게 피해를 주지 않는다면 '아이의 규칙'을 아무 말 없이 인정해주십시오. 부모가 아이를 인정해주면, 아이는 학교 갈 무렵이 되면 융통성 있고 자기 관리를 잘하는 아이로 자랄 것입니다.

부모가 자유분방한 편이라면 아이가 부모를 관리해주는 꼴이 되지 않도록 주의하세요. 즉흥적인 부모가 기분에 따라 움직이다 보면 아이를 제대로 챙기지 못해 아이가 스스로 챙기는 일이 생깁니다. 그러다 보면 부모는 아이에게 믿음이 없는 사람이 되어 버립니다. 이럴 때는 메모를 하십시오. 꼭 필요한 것들은 메모해서 기분 탓에 아이의 일을 잊는 일이 없도록 주의하십시오.

부모의 자유로움이 자칫 아이를 불안하게 만들 수 있습니다. 일상생활에도 규칙이 어느 정도는 있어야 아이는 자신이 돌봄을 받는다는 느낌이 드는데 부모는 규칙을 중요하게 생각하지 않거든요. 자유분방한 부모는 식사시간도 들쭉날쭉, 밥 먹는 장소도 시시때때로 달라질 수 있습니다. 그러다 보면 아이는 부모가 자신을 사랑하지 않는다고 생각할 수도 있습니다.

자유로운 기질의 부모가 아이와 소통할 때는 한 가지 유의할 것이 있습니다. 아이는 기질상 자기 관리를 잘하는 편이기 때문에 이것을 인정받으려는 표현을 종종 한다는 것입니다. 그러면서 자신처럼 자기 관리를 잘하지 못하는 친구들을 흉볼 수도 있습니다. 부모는 아이의 이런 모습에 자기와 다른 기질에 대한 이질감을 느끼고 아이를 비난하고 싶은 마음이 들 때도 있을 것입니다. 그러나 아이의 인정받고 싶은 마음을 알아주십시오. 특히 말로서 표현해주세요.

또한 아이에게 감정적인 면모를 지나치게 요구해서는 안 됩니다. 오히려 이것이 아이를 더 냉정하게 할 수 있습니다. 예컨대 아이가 엄마에게 놀아달라고 말합니다. 하지만 엄마는 그 순간이 너무 힘들고 속상한 일이 있다면 아이에게 "엄마, 속상한 거 안 보여?"라며 거부하지요. 규칙적인 아이는 "속상해도 엄마가 나하고 놀 수 있지."라고 말할 것입니다. 그 모습에 엄마는 아이에게 서운한 감정을 느낄 수도 있습니다. 그래서 아이에게 해서는 안 될 말들, 즉 엄마의 감정(부부 갈등과 같은)을 이야기합니다. 아이에게 이해를 구하는 것이지요. 이것은 아이가 자신과 기질이 전혀 다르다는 걸 부모가 제대로 인지하지 못한 행동입니다. 차라리 이럴 때는 좀 속상해도 참고 놀아주십시오. 그런 다음 '엄마가 속상한 일이 있어서 많이 못 놀겠다.'라고 양해를 구하세요. 그러면 아이는 받아들일 수 있습니다. 다시 말해 아이가 자신의 감정을 알아주길 원한다면 먼저 아이가 원하는 것들을 받아주십시오. 그런 다음 부모의 감정을 이야기하면서 양해를 구하는 것이 좋습니다.

자유로운 기질의 부모는 감정적으로 흔들릴 때 부모임을 잊고 아이에게 자기감정을 토로할 때가 있습니다. 하지만 부모가 부모 자리에서 벗어나서는 안 됩니다. 자기감정을 표현하더라도 부모임을 지나쳐서는 안 될 것입니다.

규칙적인 기질의 아이에겐 공부할 때도 나름의 규칙이 있습니다. 정해진 시간과 정해진 방식이 있는 것이죠. 이것이 부모가 원하는 형태는 아닐 수도 있습니다. 하지만 아이가 정해놓은 틀대로 일단 따라가 주십시오. 공부 양이 적든 많든, 부모 마음에 들든 안 들든 말입니다. 그런데 규칙을 준수하는 아이의 경우 부모가 아이 스스로 알아서 잘하겠진 생각으로 방치할 가능성도 있습니다. 그러니 아이가 잘하고 있을 때 부모가 더 관심을 가져주는 것이 중요합니다.

아이가 자기 방식대로 학습지를 하든, 학교 숙제를 하든 그날의 할 일을 알아서 하면 상관없지만 문제는 아이가 공부를 하기 싫을 때입니다. 자유로운 기질의 아이라면 "에이 내일 해야겠다."라고 쉽게 그만하겠지만, 규칙을 준수하는 기질의 아이는 '하기는 싫은데 해야 한다'면서 책상을 떠나지 못하고 징징거립니다. 자유로운 기질의 부모는 아이의 징징거리는 태도가 이해되지 않지요. "그냥 하기 싫으면 자든지 아니면 징징거릴 시간에 하든지!"라고 야단치게 됩니다.

이럴 때는 '우리 아이가 자기 할 일에 대한 부담감 때문에 힘들구나'라고 여기고 "힘들지?"라고 말해주면서 어떻게 할지를 물어 보십시오. 아이는 한참 징징거리더라도 하긴 합니다. 오히려 아이에게 "힘들어서 그래?"라고만 말하고 그냥 두는 것이 가장 좋은 방법입니다. 아이의 규칙적인 기질을 부모가 최선을 다해 받아준다면 아이는 자신의 기질이 지닌 강점을 드러낼 것입니다. 한번 마음먹은 것은 끝까지 해내는 인내심과 함께, 규칙적인 생활태도를 잡아갈 것입니다. 인간관계에 있어서도 이성적이고 논리적인 판단으로 관계를 맺지만 냉정하게 다른 사람의 감정을 읽지 못하는 사람은 되지 않습니다. 아이는 일관성을 키우고, 적절하게 융통성도 배워나갈 것입니다. 다시 말해 원칙을 잘 지키지만 이 원칙과 사람의 우선순위를 아는 사람이 된다는 것이지요.

수다와 조용함 사이

말은 소통의 강력한 도구입니다.
아이의 말수가 적고 많음에 따라
사회성이 있냐 없냐를 따지기도 하지요.
타고나기를 말하는 걸 좋아하는 기질이 있습니다.
반면 말보다는 생각을 즐기는 기질도 있지요.
이 기질의 차이와 장단점을 잘 안다면
아이에게 강력한 소통능력을 키워줄 수 있습니다.

# 아이의 '표현'에 대한
사회성 편견을 벗어보자!

우리는 말을 사회성의 한 척도로 보기도 합니다. 다른 사람을 이해하려면 반드시 소통을 해야 하기 때문이지요. 말은 소통의 가장 강력한 도구입니다. 그렇다 보니 아이의 말수가 적으면 사회성이 적다고 판단하는 부모들이 많지요. 하지만 이러한 말에도 기질적 차이가 있습니다. 이 기질의 포인트는 아이가 표현을 하느냐 안 하느냐에 따라 편안함과 존재감을 느낀다는 것입니다. 타고나기를 말하는 걸 좋아하는 사람이 있습니다. 이 기질의 사람들은 말하지 않으면 재미도 없고 인생의 의미도 못 느낍니다. '빨강머리 앤'처럼 말입니다. 이렇게 표현하는 기질의 사람들은 말을 능력의 척도로 여깁니다. 말을 얼마나 잘하느냐에 치중해 미사여구를 섞어서 이야기를 하려고 합니다. 어릴 때는 표현력이 무척 뛰어나기 때문에 천재 같다는 착각을 하기도 합니다(언어 능력이 뛰어나면 지적인 능력이 좋을 수도 있지만 그 부분만 발달한 아이도 있답니다). 어리더라도 자신의 감정을 말로 잘 표현하기 때문에 함께 대화하면 무척 재미있습니다. 그러나 꼭 짚고 넘어가야 할 부분은 말이 자신의 감정을 100% 표현하느냐에 대한 부분입니다. 이 기질의 경우 때에 따라 '말이 그렇다는 거지 감정이 꼭 그만큼은 아닐 수 있습니다.' 이 기질의 사람들은 사실 여부보다 표현 자체를 즐긴다는 것을 기억해야 합니다.

반면 말수가 적고 생각을 더 즐기는 사람들이 있습니다. 이들은 생각하는 것이 더 편하고, 사색이 곧 인생의 의미이기도 합니다. 그래서 때론 표현으로 인해 자신이 소중하게 느낀 것들이 줄어드는 것 같다고도 느낍니다. 그래서 말을 삼가기도 하지요. 이들은 생각이 다 정리되어야 말을 합니다. 생각이 정리되지 않으면 말도 조리 있게 못하고 불안함을 느끼지요. 말은 필요할 때 적절하게 해야 한다고 보기 때문에 말을 아낍니다.

이 기질의 사람들에게 가장 필요한 것은 생각할 시간입니다. 깊이 있는 생각을 할 시간이 중요하고, 생각이 곧 능력이라고 여기지요. 이들에게 침묵은 금이고 생각은 다이아몬드입니다. 겉보기에 조용한 이들도 내적으로는 에너지가 넘칩니다. 생각을 활발히 하고 있기 때문입니다. 그렇기 때문에 자기표현을 못하고 에너지가 떨어져 있는 우울 중세와는 다릅니다.

    생각을 즐기는 사람들은 관계에서도 비언어적인 측면이 강합니다. 말하지 않고서도 웃거나, 정겨운 시선, 공감하는 제스처로 조금씩 익숙해져 갑니다. 낯선 사람을 만나도 시간을 두고 여유 있게 시작합니다. 서로 익숙해지면서 조금씩 말을 하지요. 그렇기 때문에 처음부터 말로 이것저것 물어보고 아는 척하는 사람과 마주하는 것이 매우 힘듭니다. 말을 많이 하는 사람을 만나면 에너지를 뺏기는 것처럼 힘이 듭니다.

    생각을 즐기는 사람의 가장 긍정적인 부분은 바로 말에 여백이 있다는 것입니다. 이 기질의 사람들은 감정이 나빠지면 조용히 자신만의 사색 공간으로 들어갑니다. 기분 나쁜 감정을 어떻게 처리하는지에 따라 이 성향의 장점이 살아날 수 있습니다.

 # 표현하기 좋아하는 부모 앞에서
아이는 딴 생각을 하게 된다

　표현을 좋아하는 부모는 임신하면서부터 현명한 태교를 한다고 배 속의 아이에게 말을 합니다. 아기가 태어나면 부모는 아이에게 언어 자극을 주려고 열심히 말해줍니다. 하지만 아이의 기질이 부모와 반대라면 부모의 말이 넘쳐나고 홍수가 된 상황일 수 있습니다. 아이가 직접 생각하며 느낄 수 있는 상황까지도 부모가 다 말로 해주고, 아이가 한 마디 하면 부모는 열 마디 이상을 하니 아이가 말할 기회는 더 줄지요.

　부모는 말이 많은데 아이의 말수는 적은 조합. 이 조합들을 의외로 자주 보입니다. 전철이나 기차를 타면 아이는 창밖을 쳐다보는데 옆에서 부모는 열심히 설명합니다. 이러다 보면 아이는 부모의 말 가운데서 어떤 것이 중요하고 의미 있는지 구분하기가 힘들어집니다. 부모가 모든 것을 다 말로 표현하니까요. 그러면 아이는 부모의 말을 소음처럼 한 귀로 듣고 한 귀로 흘릴 수 있습니다.

역으로 부모는 아이에게 열심히 설명하는데 아이의 반응이 신통치 않아서 더 길게 설명하게 되지요. 말하기를 좋아하는 부모는 야단이나 잔소리도 너무나 깁니다. 야단이나 잔소리가 길어지면 아이는 어느새 상상의 나래를 펴고 자기만의 세상을 헤매고 있지요. 즉 전혀 효과가 없습니다. 오히려 아이로 하여금 사람들의 말을 잘 듣지 않는 태도를 만들게 합니다.

아이가 말수가 없으면 부모 눈에는 그게 문제로 보입니다. 그래서 자꾸 질문해서 말을 끄집어내려고 하지요. 앞서 말했듯이 아이는 말보다 생각을 즐기고, 그것이 능력 부족인 것은 아닌데도 부모가 이렇게 채근하면 아이에게 오히려 '너는 말도 못하는 아이'라는 메시지를 전달하게 됩니다. 아이에게 열등감을 심어준다는 것입니다. 그래서 표현할 수 있는 능력조차 짓밟아 버리는 결과를 가져옵니다.

말하기 좋아하는 부모는 미사여구를 잘 쓰고 어른들이 쓰는 말을 아이에게도 하기 때문에 종종 아이가 아이답지 않게 어려운 말을 배워 쓰는 경우가 있습니다. 이것은 다른 아이와 어울리는 데 방해 요소가 될 수도 있습니다. 본의 아니게 오해를 받아 아이는 친구와 말할 때 의기소침해질 수 있습니다.

말보다는 생각하는 것이 편한 아이는 종종 부모가 말과 실천이 다른 모습을 보이면 그걸 부끄러워합니다. 이것은 아이가 저학년일 때는 잘 느끼지 못해도 고학년이 되면 겉으로 싫다는 걸 드러내게 됩니다. 말은 겉으로 드러나는 측면이기 때문에 부모가 아이의 기질을 인정하지 않는 것이 더 분명해 보입니다. 말수 적은 아이에게 말하는 걸 강요하거나, 생각할 시간을 잘 주지 않으면 아이는 표현력도 떨어지고 사고력도 떨어지게 됩니다. 더 중요한 것은 아이에게 말에 대한 열등감을 심어줄 수 있다는 것입니다. 이것은 아이가 자라 사회성을 키워가는 데 중요한 '말'에 대한 능력을 아예 잘라버리는 행위입니다. 아이는 자신감도 떨어지고 친구관계에도 말 때문에 어려움을 겪을 수 있습니다. 말에 대한 거부감이 점점 커져서 다른 사람들이 하는 말도 잘 듣지 않게 됩니다.

　부모가 말하기 좋아한다고 그것을 '좋은 능력이자 성향'으로 봐서는 안 됩니다. 말하기를 좋아하는 것이 독이 되는 상황도 분명 있으니까요. 게다가 말수가 적은 아이에게는 그로 인해 부모를 밀어내고 싶은 마음이 생길 수 있습니다. 아이가 부모를 자랑스럽게 여기지 않는다면, 그건 아이가 '정서적인 백' 없이 사는 것과 다름없습니다.

말수 적은 아이에게 중요한 것은 생각할 시간, 그리고 기다림

　부모가 말수 적은 아이를 위해 가장 먼저 할 일은 <u>말수를 줄이는 것</u>

입니다. 물론 말하는 걸 좋아하는 부모가 말을 참으면 정말 답답할 것입니다. 그래도 이런 욕구는 아이 말고 다른 사람과 이야기하며 풀어야 합니다.

　아이가 생각할 시간을 주십시오. 그전에 부모가 모든 상황을 다 설명하려 하지 마십시오. 말수 적은 아이는 생각을 열심히 한 다음에 말을 합니다. 이때까지 부모는 기다려 주어야 합니다. 이것을 기다리지 못하면 아이는 말로 표현하는 걸 포기할지도 모릅니다. 여행이나 뮤지컬을 본 다음 아이에게 설명은 최소한만 해주세요. 물론 아이가 묻는 말에는 최선을 다해서 대답하시구요.

　아이와 여행하거나 어딘가 같이 갈 때 침묵이 흐를 때가 있습니다. 아이는 그걸 크게 불편해하지 않으니까 일부러 말을 걸 필요는 없습니다. 아이가 말을 걸면 그 말에 반응해주고, 아이의 말을 끼어듦 없이 끝까지 들어주세요. 말수 없는 아이가 답답하고 아이의 생각을 듣고 싶다면 때로는 글을 이용하십시오. 가족끼리 의견을 교환하는 노트나 칠판을 두고 생각을 적어보는 것입니다. "○○에게, 오늘 저녁 메뉴는 어떤 것으로 했으면 좋겠니? 먹고 싶은 것이 있으면 써 봐."라고 써놓고 아이들에게 의견을 적게 하는 것도 한 방법입니다.

　아이가 말을 많이 하는 편이 아니기 때문에 아이의 한마디, 한마디를 '귀하게' 여기십시오. 아이의 한마디에 바로 "그랬어?"라고 반응해주세요. 만약 아이가 유치원생이나 저학년이라면 아이의 수준에 맞는 표현으로 말해주세요. 부모가 말이 많은 편이다 보니, 아이에게도 어른 표현을 쓰는 일이 종종 있습니다. 이것은 아이의 말에 악영향을 끼칩니다.

그리고 부모가 먼저 말과 행동이 일치하도록 노력하십시오. 이 노력은 아이 교육에 무척이나 중요합니다. 말이 많아지면 쓸 말이 적어진다는 말이 있지요? 아이 앞에서 무심코 뱉은 말이라도 책임을 지려는 태도가 필요합니다.

말수 적은 아이는 자기 나름의 생각이 정리되면 자기 할 일을 잘합니다. 그런데 부모가 이것을 기다리지 못하고 아이에게 할 일을 설명해주는 일이 자주 생기지요. 아이의 공부 역시 마찬가지입니다. 부모는 아이 곁에서 도와준다면서 내용을 설명해주면 오히려 아이 공부에 방해될 수 있습니다. 아이를 혼자 두고 공부하게끔 믿고 기다려주세요. 아이가 딴생각을 할까 봐 걱정된다구요? 아이에게 상상의 나래를 펼 수 있게 해줘야지, 현실을 도피하고 싶은 마음이 생기게 하는 것은 곤란합니다. 아이에게 지나치게 공부를 강요한다면 그럴 가능성이 생기죠. 이 기질의 아이는 스트레스가 많을수록 딴 생각이 많아집니다.

부모가 아이의 침묵을 존중하고, 조용히 기다려준다면 아이는 신중함을 간직한 채 적절히 말하는 사람으로 자랍니다. 생각이 깊은 아이의 언행은 다른 사람에게 깊은 신뢰감을 주겠지요.

쉴 새 없이 쫑알대는
아이가 난감한 부모

　반대로 부모가 말수가 적고 아이가 말이 많은 경우, 아이는 부모의 조용한 상황을 사사건건 깨뜨립니다. 아이는 "엄마 이거 무슨 음악이야? 이 테이프는 언제 샀어? 누가 지은 거야?"라며 쉴 새 없이 이야기합니다. 부모는 기질상 말수도 적지만, 말을 신중히 해야 한다고 생각하기 때문에 자주 야단을 치게 됩니다. 아이는 부모에게 이야기할 뿐인데 야단맞는 것이 이해되지 않고 억울하지요. 핵심만 이야기하라는 부모에게 아이는 자기 이야기를 충분히 하지 못했다는 생각이 듭니다. 그럴수록 아이는 더 말하며 부모에게 다가가려 하고, 집에서 못하면 밖(유치원이든 학교든)에서라도 마구 하려 듭니다.

말을 하면서 즐거움과 만족을 느끼는 아이의 기질을 잘 받아주지 않으면 이 기질적 특성은 매우 엇나가게 됩니다. 아이는 마치 말하지 않으면 안 될 것처럼 숨도 쉬지 않고 말하는 모습을 보입니다. 듣는 사람이 무척이나 불편해서 아이에게 "천천히 이야기해라."라고 말리게 될 지경으로 말입니다.

이렇게 말에 '초점'이 맞춰져 있는 아이에게 글로 표현하게 유도한다면 오히려 역효과가 일어납니다. 아이는 떠들면서 글 쓰는 것도 제대로 하지 않습니다. 글 쓰는 것이 자신에게 맞지 않고 억제하는 기분이 들게 되지요.

말이 많은 아이는 놀 때도 놀이보다 말을 더 많이 합니다. 부모와 여행할 때도 하루 종일 종알거리니깐 부모는 아이를 창피하게 여기기도 합니다. 이런 부모의 심경과 행동은 결국 아이에게 '말하는 것이 창피한 행동'이라는 메시지를 전달할 수 있습니다. 아이의 즉흥적인 말에 부모가 핀잔을 주는 상황이 늘어나면, 정작 아이가 해야 될 말을 못하고 우물쭈물해질 수 있습니다. 부모가 보기에 아이가 쓸데없는 말이 많고, 진실성이나 신뢰가 떨어진다 판단해서 야단을 치면, 아이는 점점 자신을 겉치레의 말로 포장하게 됩니다.

단지 부모와 기질이 다를 뿐인데, 부모의 행동으로 아이는 말에 대한 열등감이 생길 수 있습니다. 그로 인해 아이의 말수가 줄어들기보다는 상황에 맞지 않는 말이 늘어납니다. 학교에서는 수업 시간을 방해하거나 참견과 끼어드는 일이 많아진다는 것입니다. 아이가 부모에게 인정받지 못했다는 느낌이 들면, 말로 인정받으려는 마음이 더해져서 악순환이 계속될 것입니다.

아이가 말로 풀 시간을 미리 마련해두자

어떻게 보면 말수 적은 부모가 말하기 좋아하는 아이와 잘 맞을 수 있습니다. 왜냐하면 아이의 말을 그저 진득하게 들어주기만 하면 되니까요. 우선 말을 듣기 전에 해야 할 일이 있습니다. 아이가 없을 때 혼자만의 조용한 시간을 충분히 가지십시오. 그래야만 아이의 말을 들어줄 마음의 여유가 생깁니다.

어떤 부모는 말하기 좋아하는 아이가 나타나면 "떴다!"라고 표현합니다. 이것은 아이에게서 도망갈 준비를 하는 심리 상태의 표현이기도 합니다. 비단 마음은 그렇더라도 아이가 학교나 유치원에서 돌아오면 아주 친절하게 반기십시오. 아이는 학교나 유치원에서 있었던 일을 조잘조잘 이야기할 것입니다. 먼저 들어주십시오. 부모가 할 수 있는 최대한의 인내를 발휘해서 말입니다. 그렇게 듣고 나서 아이에게 "엄마는 이것을 해야 하니까 이따 또 얘기해주면 좋겠는데."라고 이야기해주세요.

말하기 좋아하는 아이는 말로 모든 것을 풉니다. 그러니 부모가 아이와 수다를 떨 시간을 반드시 마련해야 합니다. 아이의 말을 막지 않고, 아이의 말을 들어주기만 해도 좋습니다. 아이는 말로 풀 수 있는 시간을 가져야만 일상생활이 가능하다는 것!!! 명심하십시오.

말하기 좋아하는 아이의 부모 노릇을 한다는 것은 강한 인내가 필요합니다. 귀가 아플 수도 있고, 집중력이 떨어질 수 있습니다. 그렇지만 내 아이이기 때문에 대화해야 합니다. 대화할 때도 다른 아이들보다 더 집중하는 태도를 보여주십시오.

아이가 말할 때 정말 잘 들어준다는 느낌을 주어야 합니다. 아이의 눈을 맞추고 때론 적절한 대꾸와 감탄사도 넣으며 잘 듣는 태도를 보이십시오. 아이가 말을 잘 듣는 태도를 갖길 원한다면 먼저 아이의 말에 귀를 기울이십시오. 아이가 이야기하기 전에 부모가 "오늘 학교(유치원)에서 재미있는 일은 없었니? 엄마가 듣고 싶은데."라면서 들을 자세가 되어 있다는 걸 알려주세요. 하루에 최소 30분 정도는 아이의 이야기를 들어주어야 합니다. 그래야 부모가 듣고 싶은 말들도 들을 수 있습니다.

아이와 놀 때도 대화가 곧 놀이라고 생각해주세요. 아이는 그렇게 노는 것이 놀이니까요. 이 기질의 아이들에게는 역할 놀이가 도움이 됩니다. 동화책의 등장인물, TV, 만화, 아이의 상상 속에서 나온 모든 것들이 역할 놀이의 소재로 쓰일 수 있습니다.

만약 부모가 아이의 말을 잘 들어주지 않으면, 아이는 다른 사람이 말을 듣든 말든 자기 할 말만 하는 성향이 될 수 있습니다. 말은 상대방과 소통하기 위한 수단이지 않습니까? 그런데 아이의 기질이 잘 받아들여지지 않으면 아이는 다른 사람이 들을 준비도 안 되어 있는데 무턱대로 할 말을 하고, 자신은 말했으니 의사를 전달했다고 착각할 수도 있습니다.

부모가 힘들겠지만 아이의 말을 잘 들어준다면 아이는 시간이 지나면서 조금씩 말을 조절하게 됩니다. 부모가 잘 들어주면, 대체로 말이 많은 아이들은 저학년에 말수가 많이 줄어들고 상황에 맞춰 필요한 말을 구사하게 됩니다. 말의 능력을 키워서 다른 사람을 잘 설득하는 능력을 갖게 될 것입니다.

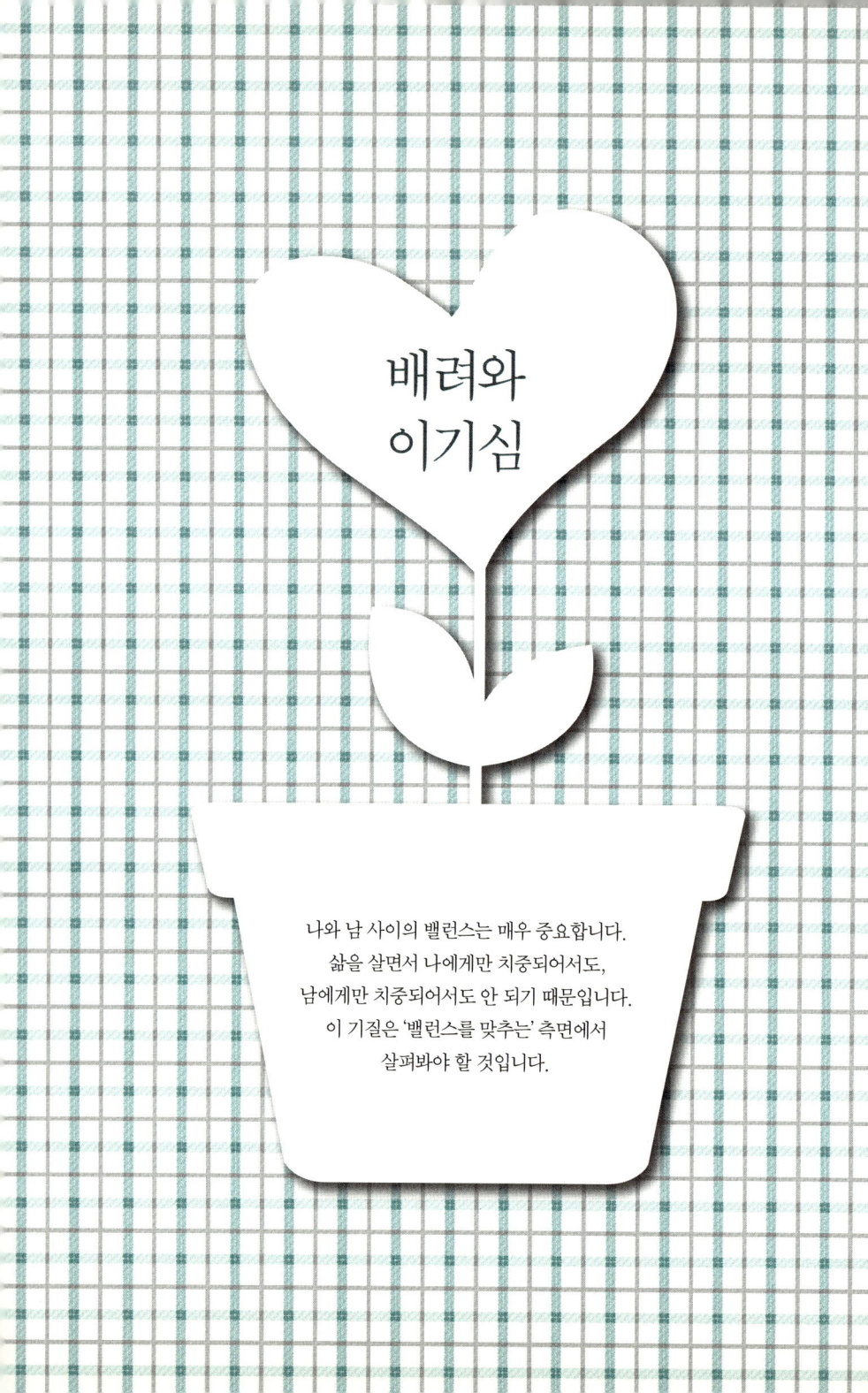

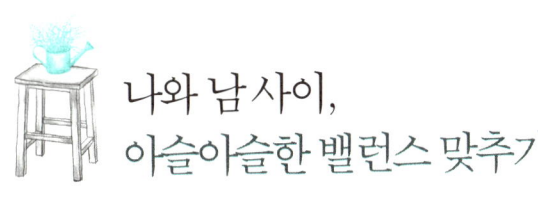
나와 남 사이,
아슬아슬한 밸런스 맞추기

　이것은 어떤 상황에서 누구를 먼저 생각해서 행동하고 결정할 것이냐에 대한 기질적 측면입니다. 나를 먼저 생각할지 아니면 다른 사람을 먼저 생각할지에 기질이 적용된다는 것입니다. 우리는 '더불어 사는 사회'라는 말을 많이 합니다. 사회에서는 배려하는 사람이 자기만 생각하는 사람보다 인정을 받습니다. 그러나 배려가 지나쳐도 자기만 생각하는 것이 지나쳐도 문제가 됩니다. 즉 뭐가 좋다 나쁘다가 아닌 균형적인 측면에서 이 기질은 이해되어야 합니다.

　먼저 배려가 강한 사람의 경우, 도덕적인 기준이 '내'가 아닌 '남'이지요. 즉 생각의 기준도 '남이 어떻게 보는가'입니다. 내가 아닌, 남을 좋게 해야 도덕적으로 훌륭하고 가치 있다고 여깁니다. 이런 사람은 '남에게 얼마나 비중을 두느냐'를 옳고 그름으로 따집니다. 또한 남의 욕구가 내 욕구보다 우선입니다. 내가 먹고 싶어도 다른 사람이 먹고 싶어하면 참고 그 사람에게 줍니다. 다른 사람이 즐거워하는 것을 보면 나도 즐겁습니다. 그런데 때론 이것이 진정으로 즐겁다기보다 '해야 하는 덕목이기 때문에' 할 수 없이 하는 경우가 많지요. 남이 배려를 받았으면 당연히 고마워해야 하는데 입을 싹 닫으면 서운하고 속상한 감정이 듭니다. 그래서 어떤 때는 다른 사람의 반응에 따라 이것이 진정 남을 위한 것인지, 나를 위한 것인지 헷갈릴 때도 있습니다.

또한 체면을 중요하게 생각해서 실속보다는 내 위치 등에 맞는 행동을 해야 한다고 생각하지요. '내가 어른이니까 내가 장남이니까'란 생각에 배려나 양보를 합니다. 때로는 다른 사람에게 손을 벌리거나 도와달라는 소리를 못합니다. 이것이 남에게 폐가 된다고 여기기 때문입니다. 자신의 이익을 따지거나 이익을 찾는 행동은 몰염치하게 느껴져서 손해를 입기도 합니다. 스스로를 합리화시키면서 말입니다. 이 특성이 지나치면 남들의 부탁을 거절하지 못하게 됩니다. 그래서 손해와 힘든 상황을 '불평하면서도' 불편을 감수하는 경우가 생기죠.

반대로 나를 더 중요하게 여기는 성향도 있습니다. 무언가를 결정하고 생각하는 주체가 바로 '나'이기 때문입니다. '나'를 생각하지 않고서는 모든 게 의미 없습니다. 우선순위도 내가 먼저입니다. '나'의 의미가 확장되면 내 울타리에 있는 사람도 나와 같이 중요하게 여깁니다. 자기 집안과 자신만 챙기고 다른 가족이나 친척들은 외면하는 경우가 그렇지요.

이런 성향의 사람들은 다른 사람들의 말에 휘둘리지 않습니다. '나'란 중심이 강하게 서 있기 때문입니다. 체면보다는 실속입니다. 필요하다면 아쉬운 소리도 하고 나에게 유리한 결정을 내리지요. 그래서 자칫 이기적이라는 소리를 듣기도 합니다.

이들이 보기에 '배려' 역시 내가 기분이 좋아야 합니다. 양보도 마찬가지지요. 내 배가 부르지 않으면 배려나 양보는 힘들다는 것이지요. 그래서 손해를 보지 않으려 하고 남을 위하는 사람을 보면 실속이 없다고 생각합니다. 내가 감당 못할 상황이면 No를 편하게 합니다. 그래서 남들이 싫어하기도 하지요. 하지만 이러한 행동에 대해 너무 비난할 필요는 없습니다. 만약 이 행동이 남에게 피해가 된다면 비난 받아 마땅하지요. 하지만 남에게 피해를 주지 않고 자신을 챙기는 것은 자신에게 도움이 되는 것입니다. 분명 기억해야 할 것은 '남에게 피해되는 상황'인지를 틈틈이 확인하면서 나를 드러내야 합니다.

# 배려하는 부모 눈에는
그저 자기밖에 모르는 아이!

　배려나 양보를 가르치는 부모는 아이가 조금만 자기 것을 챙겨도 욕심을 부린다고 여깁니다. 그래서 아이에게 열심히 남에게 양보하는 것을 가르칩니다. 이러한 부모 아래 아이가 '나'를 중요히 여기는 성향이라면 당연히 갈등이 생깁니다. 아이의 두 손에 든 과자를 내려놓게 하면 아이는 더 움켜쥐고(사실은 반사적인 행동인데), 절대 나누려고 하지 않아서 야단을 맞게 되지요. 부모는 다른 어떤 행동보다 이것을 꼭 가르쳐야 된다는 사명감에 야단을 치게 됩니다. 욕심이 많은 아이로 키우지 않으려고 말입니다. 그런데 아이 기질에 따라 어떤 아이는 부모의 야단을 아예 거부하기도 합니다. 오히려 더 욕심을 내지요.

아이는 두 돌 무렵이 되어서 자아가 점점 강해지면 자기 물건에 대한 소유욕을 드러냅니다. 아무도 자기 물건을 못 만지게 하죠. 이때부터 엄마는 아이를 달래고 얼러서 다른 사람과 물건을 나누어 갖게 합니다. 엄마 입에서는 자연히 '욕심쟁이'란 말이 나오지요. 반면 아이는 자기 것은 나누지 않으면서 다른 아이가 나눠주지 않으면 '욕심쟁이'란 말을 씁니다.

남을 생각하는 부모는 안 쓰는 장난감이나 책을 이웃에 잘 나누어 주는데, 아이는 그럴 때면 왜 내 물건을 다른 사람한테 주냐며 울고 떼를 씁니다. 엄마 입장에서는 아이의 떼쓰는 모습이 좋아 보이지 않지요. 하지만 아이 입장에서는 내 물건을 엄마가 아무 말 없이 다른 사람에 주는 것이 더 이해되지 않을 것입니다.

아이에게는 어쩌면 너무 소중해서 아끼고 아끼느라 손대지 못한 물건들일 수 있습니다. 부모가 자신의 소중한 물건을 아무 말도 없이 마음대로 한다는 생각에 아이는 더욱 자기 것만 지키려 들 수 있습니다. 때론 친구들이 집에 오면 자기의 것을 만질까 봐 전전긍긍하지요. 이런 모습을 본 엄마는 아이가 이기적인 성품이 되는 것 같아서 더 다른 아이들과 나누고 함께 쓰게끔 유도합니다. 부모의 이런 노력은 아이를 더 방어적으로 만들어 자기 것에 대한 애착을 키울 수 있습니다.

배려가 강한 엄마들의 공통 행동 중 하나는 바로 자기 집에서는 자기 아이를 양보시키고 남의 집에서는 친구의 것을 함부로 못 만지게끔 자기 아이를 양보시키는 것입니다. 아이는 부모의 배려 때문에 자기 집에서도 주도적이지 못하고, 친구 집에서도 주도적이지 못하게 되는데 말입니다. 부모가 항상 배려와 양보를 바라기 때문에 다툼이 생기더라도 매번 우리 아이만 혼나는 결과가 초래됩니다. 아이는 점점 부모에게 어떤 기대나 지원을 생각하지 못하게 됩니다. 친구들과 싸워도 이유야 어떻든 매번 자신이 혼나기 때문에 아이는 화가 쌓이게 되지요.

이 아이들은 형제관계에서도 자기 것에 대한 욕심을 많이 부리지요. 엄마는 우애와 양보를 강조하는데 아이는 전혀 그러질 않으니 부모의 실망이 커질 것입니다. 어릴 때는 그나마 '어리니까'란 생각으로 이해하는데 아이가 크면서도 여전히 '나'만 소중히 여기면 부모의 속은 더욱 상합니다.

이렇듯 부모가 억지로 아이를 배려시키고, 양보하게끔 만들면 아이는 자기를 챙기는 것이 과도해져서 욕심이 많은 아이로 자랍니다. 친구관계에서도 치사하다는 소리를 많이 듣고 아이들이 싫어합니다. 실제로 욕심이 많아서 왕따를 당하는 아이들이 의외로 많습니다. 사회성의 문제와 더불어, 이기적인 모습을 보이기 때문이지요. 음식에 대한 탐욕을 보이는 아이들도 있습니다. 이러한 아이들에게 억지로 나누어 먹는 것을 강요하면 음식에 대한 욕심이 지나쳐서 배탈이 나도록 먹는 경우도 있습니다. 심지어 식구들이 다 먹을까 봐 밤에 몰래 냉장고를 뒤져서 먹는 아이들도 있지요.

내 아이는 이기적이다? 단지 욕구 그릇이 클 뿐!!

우선 아이의 발달 상황을 이해하는 것이 도움될 것 같습니다. 그렇게 키우려고 하지 않았는데도 이기적으로 변하는 자식을 보면 부모 속이 많이 상합니다. 그렇다면 아이는 선천적으로 욕심이 많은 것일까요? 물론 욕구의 그릇 크기는 타고나는 것이라 할 수 있지요. 어떤 사람은 욕구의 그릇이 크고 어떤 사람은 작습니다. 그러다 보니 많이 채워야 하는 사람에게 조금 채우면 배고픔을 느끼지요. 전혀 채워지지 않은 상황에서는 누구나 이기적이 될 것입니다. 그러나 전혀 채워지지 않는 일은 없지요. 그래서 어떤 아이는 조금만 채워도 '착하게' 배려를 합니다.

아이들은 자라면서 욕구의 그릇이 채워지는 과정에서 '남에게 배려를 얼마나 할 것인가? 나를 얼마나 채울 것인가?'를 갈등하게 됩니다. 아이의 나이가 어릴수록 자기 그릇을 채우길 원하지요. 처음에는 어떤 아이도 양보나 배려할 준비가 되어 있지는 않습니다. 양보나 배려는 성장의 결과로 보일 수 있는 행동입니다. 그래서 어린 아이들의 이기적인 행동은 정상적인 발달 과정에서 흔히 볼 수 있는 것이지요.

인간은 처음부터 성숙하게 태어나는 것이 아닙니다. 성숙하기 전에 미성숙한 시기를 거쳐야 합니다. 이 미성숙한 시기는 욕구가 잘 채워져야 하는 시기입니다. 자신의 욕구가 잘 채워지지 않으면 성숙할 수 없습니다. 욕구가 잘 채워지지 않고 겉으로만 성숙해 보이는 것은 기만입니다. 이것은 진심으로 남을 배려하는 것이 아닌 자기를 위한 배려입니다. 즉 욕구가 덜 채워진 상태에서 배려하는 건 상대를 위한 것이 아니라 자기만족일 가능성이 크다는 것입니다.

우리 주변에서 이런 자기 만족성 양보나 배려를 하는 사람이 많습니다. 상대가 원치 않아도 배려와 양보를 하면서 그것을 잘 받지 않으면 서운해합니다. 사실 진정한 배려나 양보는 상대를 위한 것이어야 합니다. 나의 만족이 목적이 된다는 것은 결국 내 욕구 그릇이 성장 과정에서 덜 채워졌다는 이야기지요. 그래서 우선 성장하면서 나 자신을 채우는 것이 필요합니다. 사람은 자신을 충분히 채우면 남을 보게 됩니다. 아이에게 남을 배려하고 양보하는 것을 가르치려면 우선 아이 자신을 충족시키는 것부터 해야 한다는 것이지요. 그래서 부모가 강조하는 '내가 중요한가, 남이 중요한가'를 따지는 시각은 어쩌면 달걀이 먼저냐, 닭이 먼저냐를 따지는 것처럼 무의미한 논쟁일 수 있습니다.

결국 아이의 욕구 그릇이 어느 정도이든 아이의 욕구를 잘 채워주었느냐에 따라 아이는 배려를 할 수도, 못 할 수도 있습니다. 아이에게 무조건 나눠주라고 가르치기보단 우선 아이의 욕구를 먼저 채웠는지를 생각해보세요. 혹시 처음부터 아이에게 '채움'보다 양보를 요구하지는 않았습니까?

우선 아이의 욕심에 도덕적인 잣대를 들이대지 않는 것이 좋습니다. 남을 잘 배려하길 바라는 부모는 욕심을 '죄'의 수준으로 생각합니다. 산만해서 야단맞는 것과 욕심을 부려서 야단맞는 것은, 느낌이 다릅니다. 아이가 욕심을 부려서 부모가 야단을 칠 때는 '인간성이 부족하다'는 절망적인 메시지를 주기 때문입니다. 아이의 욕구가 잘 채워지면 아이는 변할 수 있기 때문에 부모가 아이에게 '도덕적으로 정죄'하지 않아도 됩니다.

　엄마의 좋은 가치관이나 생각들을 그대로 간직하십시오. 이것은 아주 훌륭한 것입니다. 그리고 내 아이의 그릇 크기가 어느 정도인지부터 살펴보시기 바랍니다. 아이가 자라면서 욕심이 많아지는 느낌이 든다면 이것은 욕구 부족에 대한 '이자'가 붙고 있다는 뜻입니다. 그러니 우선 욕구를 절제시키기보다 아이의 욕구를 채워주십시오.

　아이가 더 욕심이 많아질까 봐 걱정된다구요? 여태껏 노력했다면 아이가 탐욕스러운 행동을 보인다 해도 더 심하게 변하지는 않습니다. 오히려 욕구가 채워지면서 아이는 욕심을 덜 부릴 것입니다. 한꺼번에 두 가지를 가지려고 한다구요? 그러면 두 개를 아니 세 개를 주십시오. 물건을 사는 것이든 음식을 먹는 것이든 아이에게 풍족하다는 느낌을 주세요. 이왕 허락하는 것이라면 말이라도 "더 먹을래?"라고 해보십시오. 욕구의 그릇이 큰 아이에게 처음부터 '한 개만, 조금만 먹어' 같이 절제를 의미하는 말을 하면 더 허전해합니다. 아이가 요구하기 전에 먼저 해주고, 더 자주 해주십시오.

　아이가 원치 않는다면 당분간 아이에게 양보하라고 말하지 마세요. 이웃이 우선은 아닙니다. 아이가 너무 이기적일까 봐 걱정이 되신다구요. 여태 양보를 가르쳤는데도 아이가 잘 변하지 않는다면, 이제 아이의 요구를 채워주는 것을 해봐도 되지 않을까요?

또한 아이의 친구관계에도 어떻게 개입하면 좋을지를 살펴봅시다. 아이에게 집에서도 양보하고, 밖에서도 양보하라고 시키는 건 아이를 속상하게 만들 뿐 아니라, 남에게 우리 아이를 함부로 대하게 만드는 것이기도 합니다. 결국 우리 아이는 그 아이에게 함부로 해도 되는 하찮은 존재라고 말해주는 것입니다.

아이가 집에서 놀 때는 아이에게 친구가 만져도 되는 장난감은 무엇인지, 친구가 만지지 않았으면 하는 장난감은 어떤 것인지 물어보세요. 아이의 의견대로 친구가 놀러 왔을 때 친구가 아이 물건을 함부로 만지려고 하면 아이에게 양보를 강요하지 말고 "○○에게 물어봐."라고 말해서 아이의 의사를 존중하십시오. 아이가 싫어하면 친구에게 "○○가 중요한 것이라고 만지지 못하게 하네. 어휴, 속상해서 어떡하니?"라고 말해주세요. 아이가 허락하지 않아서 이웃 아이가 서운해 해도 할 수 없습니다. 그 대신 친구네 집에 가면 아이도 친구의 장난감을 물어본 다음에 만지라고 해주세요. 그래야 균형이 맞습니다. 아이들은 자기의 것을 존중 받아야 남의 것도 존중합니다.

남에게 배려하려는 부모는 집에 사람이 많이 드나드는 편입니다. 그러다 보면 아이의 방이 개방되어 아이가 중요하게 여기는 학용품이나 물건들이 망가지거나 제 위치에 놓여 있지 않는 경우가 많지요. 펄쩍 뛰는 아이에게 부모는 "사람들은 부대끼면서 살아야지."라고 이해해주길 바랍니다. 그러나 그렇게 하면 아이는 집에 다른 사람이 오는 것을 매우 싫어하게 됩니다. 이것은 아이의 기질을 존중하지 않은 부모가 아이에게 배타적인 성향을 만드는 것과 같습니다. 이럴 때 엄마는 아이에게 "오늘 누가 올지도 모르는데, 만지면 안 되는 것들이 뭐야?"라고 물어보고, 아이가 원한다면 아이의 방을 닫아 놓아주세요. 그래야 아이가 '다른 사람과 더불어 사는 것'에 대해 한 번이라도 좋은 느낌을 가질 것입니다.

남 위주로 생각하고 배려하는 사람은 항상 시선이 우리 아이가 아닌 남에게 가 있습니다. 그런데 부모 자신 이외의 모든 사람은 사실 엄밀히 말하면 남입니다. 이 말은 자식도 욕구 측면에서는 남이라는 말입니다. 나와 똑같이 느끼지 않고, 아직 채워줘야 하고 자라는 아이이기 때문에 나와 같을 수는 없습니다. 그러니 부모는 아이를 먼저 배려해주어야 합니다. 배려의 최전방에 있어야 하는 사람은 우리 아이입니다. 아이가 부모의 배려를 받아야 남을 배려하는 사람으로 자랄 수 있습니다.

이렇게 아이의 타고난 욕구 그릇을 채워주면, 아이는 드디어 남에게 배려와 양보를 하려는 마음이 생깁니다. 기쁘게 말입니다. 내가 베풀고 나서 어떤 대가를 바라는 것이 아닌, 차원 높은 배려와 양보를 하는 아이가 될 것입니다.

나 중심적인 부모가 키우는 '착한 아이 신드롬'

나 위주로 생각하는 부모와 남을 배려하려는 아이, 이런 궁합이 있을까요? 네, 당연히 있습니다. 자기를 먼저 챙기는 엄마도 많습니다. 몸이 피곤하면 "엄마, 피곤하니까 너 혼자 놀아." 엄마가 TV를 보고 싶으면 "엄마가 보는 거 보자."라며 자기 하고 싶은 것부터 챙깁니다. 그런데 부모가 아이에게 이런 요구도 못하냐고요? 할 수 있습니다. 그러나 아이의 요구를 충분해 채워주며 필요에 따라 양해를 구하는 것과, 아이에게 계속 양보를 요구하는 것은 엄연히 구분되어야 합니다.

서로의 기질을 존중하지 않으면 이 기질들은 과연 어떤 충돌이 일어날까요? 별다른 욕심이 없는 아이는 엄마에게 당연히 맞추는 일이 많아집니다. 아이의 욕구 그릇이 크지 않기도 하지만 이 기질의 아이들은 욕구가 억눌려도 그냥 넘어가는 편이기 때문이지요. 한편 자신을 우선으로 여기는 부모는 아이를 다른 데 맡기고 자기 일을 보러 다닙니다. 남의 집에 맡겨 놓고 몇 시간씩 쇼핑하거나 영화도 봅니다. 아이를 이웃에다 맡기고, 남들이 자기를 배려해주는 건 당연하게 생각하지만 자신은 배려하고 싶지 않습니다. 아이에게도 최소한의 배려만 합니다. 그래서 많은 상황들이 아이가 엄마를 챙기는 기이한 형국으로 되지요. 그런데 엄마는 아이가 기특하다면서 이것을 자랑하고 즐깁니다.

이렇듯 남을 우선하는 아이는 자기 욕구보다 부모의 욕구를 채우면서 자랍니다. 겉으로 보기에는 너무나 훌륭한 아이인데 이렇게 성장하면 아이는 언제나 남을 우선시하기 때문에 '나'라는 존재감을 만들지 못합니다. 부모나 남이 만들어준 것뿐이지요. 그래서 남들에게 착하다는 소리를 듣는 것으로 만족하며 삽니다. 하지만 이렇게 아이의 욕구를 억누르게 되면 시간이 흐를수록 스트레스가 쌓이고 속병이 생기게 될 것입니다. 이것이 쌓여 사춘기 때 화가 폭발하기도 하는데 아이는 전과는 딴판으로 아주 이기적이고 냉정하게 모습을 보입니다. 이전의 자신이 만족스럽지 않았기 때문에 완전 반대의 모습을 추구하게 된 것이지요.

한편 부모는 아이가 남을 배려하는 모습을 보고 '실속 없고 바보 같다'며 그러지 말라고 가르칠 것입니다. 하지만 아이는 욕심이 없는 편이라 부모의 말대로 행동하는 게 잘되지 않지요. 결국 아이는 '착한 아이 신드롬'에 갇혀 자신은 없어집니다. 아이가 커가면서 자신을 챙기지 못하고 자기 의사표현도 못하며 남에게만 맞추게 될 수도 있다는 것입니다. 자신의 인생에서 막상 자신은 없고 남만 있다면 얼마나 비참함을 느끼겠습니까?

부모의 욕심보다 중요한 것은 아이의 '건강한 자의식'

'나' 우선인 부모는 사실 어떤 의미에서 채워지지 않는 욕구를 지닌 사람일 수 있습니다. 부모는 아이의 배려를 통해서 나를 채우려는 경향이 있는지를 먼저 살펴보세요. 상담 현장에서 자신의 부모에게 계속 배려해주며 살아온 부모들이, 나이가 들어서 정말 부모를 향한 배려가 필요한 시기에 손을 떼는 것을 많이 봅니다. 자신 역시 아이에게 그런 부모가 되지 않으려면 지나치게 나를 우선하는 모습은 거두어야 합니다.

욕구를 채우는 의미에서 아이도 '나'일 수 있습니다. 아이의 욕구가 잘 채워져야 나중에 독립적으로 건강하게 살아갈 수 있습니다. 나의 욕구를 채우듯이 아이의 욕구도 채워줘야만 합니다. 내 아이는 내가 키워야지 남이 키워주는 것이 아닙니다. 그래서 내가 '엄마'라는 생각을 갖고 남에게 아이를 자주 맡기지 마십시오. 엄마인 내가 아이를 책임진다는 생각으로 아이의 욕구를 살펴보고 채워줘야 합니다. 만약 이런 면을 소홀히 하면 아이는 부모만이 아니라 다른 사람들에게도 '자신 없이' 꼭두각시처럼 살아갈 것입니다.

　아이가 어디서든 당당하게 자신을 챙기고 앞가림을 잘하기를 바란다면 아이에게 요구하지 말고 아이의 사소한 요구에도 반응해주세요.

4장

부모라면 한 번쯤 고민하는 4가지 문제, 아이에게 맞는 해결책 찾기

- 학습, 진로, 이성문제, 인터넷 문제에 관한
기질별 조언

남들 다 좋다는 사교육도 거부하는
우리 아이, 잘 맞는 학습방법은?

　지금까지는 다양한 부분에서 드러나는 기질들에 대해 다루었습니다. 외부의 자극을 어떻게 해석하고 받아들이는지, 행동의 속도를 어떻게 결정하는지, 사람과의 친밀함에 대한 중요도가 어떠한지, 에너지를 어디서 얻는지, 어떻게 표현하는지, 집중력의 정도, 규칙을 어떻게 이해하고 받아들이는지, 언어를 어떻게 사용하는지 등등에 대한 것들이었지요. 한 기질이 한 사람 전체를 설명할 수 없기 때문에 각 측면에 해당되는 기질들을 다 모아야만 어떤 사람을 설명할 수 있을 것입니다. 이렇듯 사람은 이 세상의 그 어떤 것보다 복잡다단하다 할 수 있습니다.

이러한 기질을 바탕으로 이제 부모가 부딪칠 양육 현장에서 두드러지게 나타나는 주제들을 다룰까 합니다.

아이의 공부는 부모의 가장 큰 고민거리입니다. 아이의 성적에 따라 어떤 부모는 천국과 지옥을 오가는 것 같다는 말도 하지요. 공부를 지나치게 강요하지 않더라도, 아이가 어느 정도 우수한 성적을 받았으면 하는 바람은, 부모라면 누구나 다 가지고 있을 것입니다. 아이의 공부를 위해 막대한 교육비를 지출하거나 유학을 결심하는 부모들도 많이 있습니다. 허나 남들이 다 좋다는 과외나 유학을 해봐도 우리 아이에겐 별다른 효과가 없을 경우, 부모는 맥이 빠집니다. 더한 경우, 아이를 향한 깊은 실망감까지도 생기게 됩니다.

어떤 아이는 홈스쿨링처럼 집에서 부모와 함께 하는 공부가 잘 맞는가 하면, 어떤 아이는 혼자 하는 공부가, 또 어떤 아이는 학원과 과외 같은 사교육이 효과적이기도 합니다. 모두 아이 기질에 맞는 접근 방식의 차이입니다. 이러한 기질적 차이를 고려하지 않고 남들이 좋다고 하는 방법만 쫓다 보면 아이의 성과도 적을뿐더러, 아이를 향한 부모의 실망감이 커서 관계에도 좋지 않은 영향을 줄 수 있습니다. 그렇다면 기질마다 어떤 방식의 학습이 도움이 될까요?

먼저, 공부 자체를 목적으로 하는 기질이 있습니다. 이성적이고 논리적인 기질과 집중이 강한 기질이 그러한 경우입니다. 이 기질의 아이들은 자기에게 주어진 일에 대해서는 별다른 토를 달지 않고 수행하기 때문에 어떻게 보면 매우 성실하지요. 일은 일이기 때문에 이러한 자극을 '감정적인 루트'를 통하지 않고 받아들입니다. 그렇다 보니 공부에 대한 집중이 상당합니다. 그렇다고 공부에만 그런 것은 아닙니다. 게임이나 뭔가 하나에 꽂히면 참 열심히 하지요. 주변의 자극이 별로 들어오질 않습니다. 이 기질의 아이들은 여러 명과 같이 하는 공부보다 혼자 하는 편이 공부 면에서는 더 효과가 있습니다. 하지만 아이의 공부를 성과 자체의 효율만으로 따질 수는 없습니다. 아이에게는 사회적 상황에 대한 경험도 매우 중요하기 때문에 그런 의미에서는 그룹을 통한 공부도 도움이 될 것입니다.

이런 유형은 집중력이 대단하기 때문에 한 번 집중했을 때 효율이 높습니다. 그렇기 때문에 공부하는 방식을 따지는 것은 별 의미가 없고 아이가 원하는 방식을 들어주는 것이 좋을 것입니다.

한편 공부가 목적이 아니라 매개체로 보는 아이들이 있습니다. 외향적인 아이들이나, 표현을 적극적으로 하는 기질의 아이들이 그렇지요. 이 아이들에게는 공부보다는 분위기나 곁에 있는 사람이 더 관심사이기 때문에 누군가와 공부를 같이 하는 것이 무척 중요합니다. 그래서 같이 공부하는 사람이 '내 맘에 들면' 공부도 효과가 있습니다. 즉 공부보다 주변 환경이나 감정이 어떠냐에 따라 효과 여부를 알 수 있습니다. 그래서 엄마가 곁에 있어주면 좋은 아이가 있고 학원에 다니면 좋은 경우도 있습니다. 다소 의존적으로 보일 수 있지만 이 기질의 아이에게 혼자 공부하라고 하는 건 '딴 생각을 많이 하라'는 의미와도 같습니다. 아이의 공부를 감시하라는 의미는 절대 아닙니다. 아이에게는 공부 상황에서도 날 어떻게 대하고, 기분 좋게 해주는지가 훨씬 중요할 것이란 이야기입니다. 칭찬도 그런 의미에서 무척이나 중요한 포인트입니다. 이것이 이 기질의 핵심이기 때문에 선생님이나 엄마의 말 한마디가 중요하지요.

만일 부모가 주도적인 성향이고 아이 역시 그렇다면 부모가 아이의 공부를 봐주려 하는 것은 절대 금물입니다. 이것은 그냥 보이지 않는 전쟁터가 될 가능성이 있기 때문입니다. 부모는 아이가 혼자 공부하고 싶어 하면 혼자 하게 두고, 학원을 보내달라고 하면 학원을 보내주는 것이 좋습니다. 주도적인 성향의 아이는 자신이 공부로 통제 당한다고 여기면 반항의 표시로 공부를 거부해버립니다.

주도적인 기질의 아이는 저학년까지만 해도 경쟁적인 상황에서 지지 않으려는 모습을 보입니다. 그러다 보면 부모가 아이의 기질을 이용해서 경쟁적인 상황을 부추기면서 공부로 끌고 가려는 태도를 취할 수도 있습니다. 부모 입장에서는 그것이 아이를 잘 통제하는 것 같아 보일 겁니다. 하지만 이 방법은 오래 가지 못합니다. 이것 역시 시간이 흘러가면서 부모가 경쟁적인 상황으로 자신을 통제하는 걸 아이가 깨닫기 때문입니다. 3~4학년만 되어도 아이는 부모의 의도대로 행동하지 않을 것입니다.

호기심이 많고 활동적인 아이의 경우 공부보다는 주변의 자극에 민감합니다. 이런 아이들에게는 부모의 태도가 무척 중요합니다. 거실에 TV를 켜놓은 상태에서 아이에게 방에 들어가 공부하라고 한다면 아이는 절대 공부가 되지 않습니다. 우선 거실도 조용히 해야 하며, 아이의 책상 주변도 깔끔하고 물건들도 많지 않아야 합니다. 아이의 주의력을 빼앗을 만한 것들은 미리 치워두는 것이 좋습니다. 이런 의미에서 다른 아이들과 같이 공부하는 것보다는 '부모가 같이' 공부하는 편이 좋습니다. 여러 아이들과 함께 공부하는 방식은, 공부를 매우 재미있게 가르치지 않는 이상, 분명 아이의 주의가 분산될 것입니다.

아이의 기질이 이렇다면 아이에게 마냥 '왜 집중하지 못하냐'고 야단쳐서는 안 됩니다. 부모의 역할은 아이의 공부에 맞는 환경과 여건을 마련해주는 것입니다. 아이는 공부 시간이 길어질수록 집중력이 떨어지기 때문에 공부 시간을 짧게 하고, 틈틈이 쉬는 시간을 넣는 방식이 좋을 것입니다. 예를 들어 공부를 한 시간 한다고 해봅시다. 부모는 아이와 10분 정도 집중해서 공부하고, 그 자리에서 잠시 쉬고 또 10분 공부하는(어떤 경우에는 몇 문제를 풀 것인지 정하고) 방식으로 진행하는 것이 좋습니다. 쉬는 시간을 가질 때 주의할 점은 아이가 바깥(거실)에 나가서 쉬면 더 산만해진다는 점입니다. 이때 휴식의 의미는 음악에서의 쉼표와 같습니다. 쉼표는 곡이 끝났다는 의미는 아니지만 잠시 쉬지만 다시 곡이 시작되지요. 즉 다 끝내고 쉬는 느낌이 아닌 집중을 요구하는 시간을 짧게 하라는 것입니다. 몇 문제를 집중해서 풀고 몇 분 쉬기도 할 수 있다는 의미입니다.

아이 공부에도 중요한 것은 바로 '기질적 존중'

만약 부모가 활동적인 편(외부 자극에 빨리 반응한다면)이라면 아이의 공부 분위기를 흩뜨릴 가능성이 있습니다. 아이를 챙긴답시고 음식을 들고 들락날락하거나, 곁에서 아이의 공부를 참견하거나 잔소리하는 등의 행동을 하는 것입니다. 부모는 자신의 역할을 충실히 한다고 여기겠지만, 실제로는 아이의 공부 분위기를 흩트리게 됩니다. 아이가 집중을 못하게 한다는 것이지요. 부모가 아이 곁에 앉아 있어도 계속 이런저런 딴생각이 나기 때문에 방을 나갔다 오거나, 휴대폰을 보는 행동 등을 합니다. 부모가 이런 기질이라면 아이 곁에 있기보다는 오히려 방을 나가 있는 것이 도움이 될 것입니다.

빠른 기질의 부모와 느린 기질의 아이라면 아마 공부 시간 때문에 매번 실랑이가 벌어질 것입니다. 부모는 공부도 빨리 끝내고 놀길 바라는데, 아이는 공부도 여유를 부리면서 하기 때문입니다. 책상 앞에 앉아서 문제도 천천히 풀고 노트를 꺼내고 책을 집는 행동도 급할 게 없습니다. 엄마는 아이의 이런 모습에 "왜 이렇게 느려. 너 공부하기 싫어서 그래?"라고 다그치게 되고 공부에 흥미가 없다고 생각해서 잔소리를 하게 되지요. 빠른 기질의 엄마는 아이의 공부 속도를 답답하게 여겨 끼어들기도 합니다. "자, 1번 풀어봐. 내가 문제를 읽어 줄게."라며 빨리 설명해주고 답이 뭐냐고 채근하는 것이지요.

느린 아이는 공부를 마음 편하게 안정적으로 하고 싶은데 엄마가 자꾸 재촉을 하니 오히려 불안정해지고 공부 의욕을 잃게 됩니다. 엄마 말대로 책을 빨리 읽으려다 보니, 오히려 건성으로 읽어서 틀리는 경우도 잦습니다. 아이가 내용을 틀리지 않으려면 천천히 해야 하는데 엄마는 빨리 하라고 하기 때문에 아이의 조급한 마음만 커지는 거죠. 그 결과 아이의 행동이 극단적으로 느려지거나, 엄마의 공부 참견에 반항합니다. 결국 공부 과정에서 엄마와 충돌이 많아지면 아이는 학습에 대해 좋지 않은 기억을 갖게 됩니다. '공부 시간은 부모에게 야단맞는 자리, 피하고 싶은 자리'란 이미지에, 심한 경우 '시험에 대한 무반응', 즉 시험지를 받고도 멍하니 있거나, 백지로 내거나 대충 작성하는 행동까지 가게 됩니다.

아이의 공부 방식에도 기질적 존중이 필요합니다. 빠른 기질의 엄마는 스스로 '난 빨리 하는 편이니까 아이에게 재촉하는 일을 줄이자.'라고 다짐하고 아이의 공부를 봐주십시오. 부모가 단거리 선수라면 아이는 장거리 선수입니다. 문제라고 여기지 말고, 다름을 인정만 해준다면 아이는 천천히 자기의 리듬을 타고 공부를 해나갈 것입니다.

결론적으로 아이의 기질에 맞지 않는 학습법을 아이가 받아들이기는 쉽지 않습니다. 부모가 선호하는 학습법과 다른 방식은 왠지 효과가 없을 것 같고 믿음이 가지 않나요? 하지만 그건 효과가 없어서가 아니라 나와 다른 방법을 받아들이기 힘든 것임을 깨달아야 합니다.

 # 꿈을 꾸는 것도 기질에 따라 다른가요?

 어떤 아이는 매우 화려한 꿈을 꾸고 꿈이 자주 바뀝니다. 어떤 아이는 별다른 흥미도 없고, 꿈을 꾸지 않는 것 같지요. 어떤 아이는 마치 꿈을 바꾸면 안 된다고 배운 것처럼 계속 한 가지 꿈 혹은 두 가지 꿈만 간직해 나갑니다.

 관심사가 다양하고 다소 활동적인 기질과, 감정을 적극적으로 표현하는 기질의 아이들은 꿈도 여러 차례 바뀝니다. 아이가 그때그때 만나고, 보고, 듣는 존재에 따라 꿈이 영향을 받게 되니까요. 친밀감에 대한 욕구가 큰 아이들은 꿈도 크고 화려합니다. 혼자서 머릿속에서 꿈을 다 만들어서 실제로 된 것처럼 현실에서 표현하기도 합니다. 구체적인 계획이나 삶에 대해서까지도 말입니다. 그래서 부모들이 아이에게서 이런 이야기를 들으면 '정말 현실감 없이 노력도 하지 않으면서 꿈을 꾼다'는 걱정이 들 것입니다. 종종 어떤 부모들은 아이에게 노력하라고 다그치거나, 지금처럼 한다면 절대 '꿈을 이룰 수 없다'며 그 싹을 잘라버리지요. 아이의 꿈이 당연히 부모 눈에는 허황되어 보입니다. 허황될 수도 있습니다. 그렇지만 꿈이지 않습니까?

틀이 있어야 안정감을 느끼는 규범적인 유형이나, 앞뒤가 맞아야 편한 논리적인 유형들은 꿈이 뭐냐는 질문을 받으면 뭐라고 답해야 할지 고민합니다. 앞으로 뭐가 '되겠다'란 생각을 하다 보면 현재 자신과 비교하면서 지금 당장 될 수 없기 때문에 꿈을 말하지 않습니다. 그러니 이 기질의 아이가 그렇게 반응한다 해도 아이에게 '꿈이 없다'고 이상하게 여기지 마세요. 자신의 꿈을 대답하지 않는다고, 그것이 실패할 인생이라고 단정 지을 수는 없습니다. 논리적인 아이들은 현재 자신의 능력이 안 되기 때문에 표현을 안 하는 것뿐입니다. 반대로 외부 자극에 빠르고 감성적인 기질들은 꿈을 표현하고 상상하기를 좋아합니다. 노력보다 표현 자체에 집중하기도 하지요. 그렇기 때문에 이런 아이들만 꿈이 있어서 미래를 훨훨 날아갈 것이라고 여기진 않았으면 합니다.

요즈음 학교마다 아이의 진료교육과 더불어 꿈에 대해서 강조합니다. 아이가 꿈을 갖지 않으면 무능하고 아무 생각이 없는 것처럼 여기기까지 하지요. 하지만 때론 기질에 따라 그럴 수도 있습니다. 물론 어떤 아이는 정서적으로 우울해서 꿈을 꿀 힘이 없는 경우도 있습니다. 이런 경우는 구분이 되어야겠지요.

유치원 무렵의 아이는 꿈에 대해서 말할 때, 정말 소박하면서도 자기가 하고 싶은 것을 말합니다. 어떤 아이는 염소가 풀 먹는 것을 보고 '염소가 되고 싶다'고 하거나 문구점이나 슈퍼마켓의 주인을 보면서 커서 문구점 주인이 되고 싶다고도 하지요. 그러다가 아이가 자라 학교에 들어가면서 현실적인 시야가 생기고, 부모나 주변에서 주입하는 꿈을 꾸게 됩니다. 그러다 보니 요즘은 아이들의 꿈도 너무 획일화되어 있습니다. 돈을 잘 벌고, 편한 직업. 남들이 보기에 번듯한 직업. 부모는 아이가 이런 직업을 꿈꾸길 바라고, 이런 부모의 메시지를 아이가 고스란히 받게 되는 것이지요.

특히 자신의 체면이나 남들의 시선에 신경을 많이 쓰는 부모는 아이에게 더 번듯한 꿈을 강요합니다. 이것이 아이의 꿈인지 부모의 꿈인지도 모르는 상황인 거죠. 이렇게 부모가 아이의 꿈을 강요하면서 자연스럽게 아이에게 특정 직업을 요구하게 됩니다. 그렇다면 꿈과 직업은 무슨 차이가 있을까요? 이 둘 다 '무엇을 할 것인가'에 대해서는 공통적이지만 꿈에는 '어떻게 살 것인가'가 포함되어 있습니다. 아이가 '어떤 삶을 살 것인가'에 대한 생각을 키워가야만 행복할 수 있습니다. 아이가 꿈꾼 '삶'이 있어야 자라서 직업이 달라지더라도 그 삶을 구현할 수 있습니다.

직업도 기질에 맞아야 행복할 수 있다!!!

대부분의 부모들은 '아이가 자라서 무엇을 할 것인가?'에 대해 가장 중요하게 생각하는 포인트가 있습니다. 바로 '경제적 생활이 되느냐'입니다. 물론 중요한 요소이지요. 하지만 아이가 지금 어른이 아닌데 어른이 된 것처럼 '경제적인 이유'를 따져서 길을 만들어주려는 행동은 다시금 생각해봐야 합니다. 부모님들은 아이가 가진 능력이 무엇일지를 찾아서 그것을 경험시키고, 적극적으로 키워주려고 노력합니다. 하지만 사실 아이의 능력과 적합한 일을 만나기는 쉽지 않습니다. 아이의 능력이 특출하지 않는 이상 찾기가 힘들거든요. 특히 우리 아이가 미래에 특정한 일을 하며 살길 바라는 부모라면 직업을 바라보는 시각에도 한계가 있습니다. 이런 측면에서 아이의 능력도 중요하지만, 아이의 기질에 맞는 직업을 찾아보는 것도 필요합니다.

아이가 다른 사람들의 관심을 받는 걸 원하는 편이라면(때론 의존적인 기질이라 말하는 성향 말입니다. 또한 외향적인 성향도 해당됩니다) 남들 앞에 나서는 직업적인 경험을 시켜보는 것도 좋습니다. 예를 들면 연극이나 뮤지컬, 연주, 아나운서, 사회자, 모델, 운동선수 등이 되겠지요. 이런 기질의 아이들은 남 앞에 자신을 선보이는 상황을 아주 즐거워합니다. 이 기질의 아이들이 어떤 능력을 가졌느냐에 따라 적절한 직업을 찾을 수 있을 것입니다.

우리 아이가 사람에 대한 관심이 없는 편이라면 연구하는 일에 적성이 맞을 수 있습니다. 이런 아이들에게 무조건 사회성을 키우려고 하거나, 사람들을 만나서 하는 일은 쉽지 않습니다. 혼자 연마하거나, 혼자 해도 되는 일들이 무엇인지 알아보고 아이에게 경험시켜보는 것도 좋을 것입니다. 요리나 제빵, 그림, 공예 활동이나 연구원, 작곡 등이 있겠지요.

반면 아이가 사람을 만나는 걸 좋아하고, 거기에 의미를 부여하는 성향이라면 직업 역시 사람을 만나서 할 수 있는 일이 좋을 것입니다. 이러한 일은 아주 많습니다. 영업 마케팅, 상담이나 서비스직, 사람들과 대화할 수 있는 일이라면 딱 맞습니다. 만약 이 기질의 아이들이 커서 사람이 적은 곳에서 일한다면 일에 대한 능률이 오르지 않겠지요.

말수가 적고 생각이 많은 성향의 아이들은 사람들과 어울리는 것보다 자신의 생각을 펼칠 수 있는 공간을 찾는 것이 중요합니다. 즉 비언어적인 것으로 자신을 표현하는 일을 찾는 것이지요. 그런 의미에서 글이나 그림으로 자신을 표현하는 일도 좋습니다. 결국 말이 아닌 생각을 표현할 곳(통로)이 있는지를 찾는 게 좋습니다.

논리적이고 이성적인 기질의 아이는 뭐든지 분석하려 듭니다. 그냥 넘어가도 되는 것조차 분석하지요. 이런 성향 때문에 인간관계에서는 오해를 받거나 재미를 느끼지 못합니다. 그런데 이 기질이 분석하는 일에서는 아주 빛을 발합니다. 문제를 점검하고 분석, 해결책을 제시하는 일들이 아이에게도 매우 즐겁지요. 이 기질의 사람들은 상담 현장에서도 분석하여 상대방에게 정답을 가르쳐주려 합니다. 그러니 상담 쪽에 관심이 있다고 해도, 실제로는 잘 맞지 않을 수 있습니다.

다른 사람들에 비해 감성이 풍부하고 공감능력이 뛰어난 사람들은 다른 사람들의 아픔을 같이 나누고 살펴주는 일에 보람을 느낄 것입니다. 봉사활동이나 사회단체 활동이 잘 맞지요. 이들에게는 자신에 집중하는 일이 왠지 속되어 보이고, 남들에게 관심을 가지는 것이 더 가치 있게 느껴지기 때문입니다.

주도성을 강한 사람들은 힘을 행사할 수 있는 역할들을 찾지요. CEO나 경찰, 판사, 정치가 등등입니다. 다른 사람들의 통제할 수 있는 자리를 쟁취하기 위해 노력하지요. 이런 활동을 통해 인정받으려고 합니다. 초등학교 교사들 중에서 의외로 사회적인 상황에 대해 수줍음이 심한 사람들이 많습니다. 이들은 어른보다는 어린 아이들이 편합니다. 복잡하지도 않구요.

자신이 선호하는 일들이 능력은 아닐 수 있습니다. 더군다나 기질이 존중받지 못해서 부정적으로 엇나갔다면, 자신이 하고 있는 일들로 다른 사람들에게 피해를 줄 수도 있습니다. 자신의 욕구를 충족하는 도구로서만 직업을 쓸 가능성이 많기 때문이지요.

아이의 기질이 가진 능력과 꿈, 직업이 잘 만난다면 행복할 수 있겠지요. 아이의 기질을 파악한다는 것은 때론 부모가 가진 꿈을 포기하는 것이기도 합니다. 하지만 아이의 기질을 존중해주고, 잘 파악해서 기회를 마련한다면, 아이가 앞으로의 꿈과 지금 할 일을 조화롭게 해 나가고 행복을 느낄 것입니다.

# 우리 아이가 남자친구, 여자친구에게 유독 관심이 많아요!

아이들이 이성 친구에 관심이 많은 것들을 크게 문제라고 할 수 없습니다. 하지만 부모 입장에서는 '내 아이가 이성 친구에게 관심이 많으면' 우려가 커지지요. 아이가 이성 친구를 되도록 늦게 사귀었으면 하고 이왕이면 대학에 가서 사귀길 원합니다. 이성 친구를 사귀면 아이의 공부에 방해되고 엉뚱한 짓을 할까 걱정되기 때문입니다. 하지만 아무리 이성 친구를 사귀지 못하게 해도 사귀는 아이가 있는가 하면, 별다른 제어를 하지 않아도 사귀지 못하는 아이들이 있습니다. 여기에는 많은 이유들도 있겠지만 기질적인 영향이 큽니다.

아이가 외향적이고 친밀감의 욕구가 큰 기질이라면 부모로부터 이 욕구가 다 채워지지 않을 경우 이성 친구에게 시선을 돌릴 가능성이 큽니다. 이 아이들은 조금 특별한 친구가 이성친구입니다. 동성 친구와는 특별한 관계라고 여기지 않지요. 특별한 친구라는 것이 말 그대로 특별한 관계를 원한다는 것입니다. 특별한 관계에서 관심을 받는 느낌이 남다릅니다. 그렇기 때문에 이 아이들에게 이성 친구의 의미는 크지요. 그래서 유치원 때부터도 이런 이유로 이성 친구를 만드는 아이들이 있습니다.

반면 어떤 아이들은 인정받는 의미에서 이성 친구를 원합니다. 인기가 많다는 것, 즉 이성에게 인정 받는 느낌은 동성과는 다른 느낌을 받습니다. 이 아이들은 인정받으면서 자신의 존재감을 느낍니다. 그것을 통해 때론 우월감까지 생기지요. 이것은 많은 기질이 가지는 느낌입니다. 물론 특정 기질에 국한된 부분은 분명 아니겠지요. 대다수 아이들이 누군가가 날 좋아해주면 자신의 존재감을 느낍니다. 그러나 사교적인 아이들 중에서 유독 이성에게서 관심 받는 것을 즐기는 아이들이 있습니다. 여기서는 다루지 않았지만 우리가 흔히 '히스테리컬'하다고 말하는 의존적인 성향이 있는 사람들은 유독 심합니다.

이성 친구가 없을 경우에 아이는 '자신이 뭔가 부족하고 모자라는' 기분이 듭니다. '나는 왜 여자(남자) 친구에게 인기가 없을까?'라며 자책하고, 자신을 못난이 같다고 마음속으로 단정해버리지요. 그래서 다른 어떤 일보다 슬프고 힘들게 받아들입니다. 결국 아이들이 가정에서, 또 부모에게 인정받지 못하면 그것을 이성 친구에게 받아내려는 마음이 커진다는 것입니다.

물론 어떤 아이는 이성 친구에게 흥미가 덜한 아이도 있습니다. 자기가 좋아하는 것에 더 몰두하는 기질의 아이는 이성 친구와 같은 친밀한 관계는 2차적인 관심일 것입니다. 때문에 이 아이들은 굳이 이성 친구를 만들 필요성을 못 느낍니다.

아이의 이성 친구에 대한 바람직한 부모의 태도

그렇다면 부모는 어떻게 해야 하나요? 아이의 기질적 특성도 있고 아이에게 이성 친구에 대한 의미가 강한데 무조건 반대하고 나설 수는 없습니다. 부모 입장에서 제일 중요한 것은 비록 맘에 들지 않더라도, 이성 친구를 어른 시각으로 확대 해석하지 말고, 아이의 특별한 친구로 인정해주는 자세입니다. 그냥 받아주십시오. 아이의 이성 친구에 대해 신경을 쓰지만, 지나치게 개입하지 않는 것이 좋습니다. 부모가 관계를 정리하려 들지 말고, 아이의 기질 이면을 바라봐주세요. 아이의 어떤 점을 채워줘야 바람직한 이성 관계가 될지 말입니다. 그렇지 않으면 아이는 이성 친구가 지나치게 집착하는 성향을 키우게 될지 모르니까요.

우리 아이가 인터넷 게임중독, 스마트폰에 빠져들고 있어요!

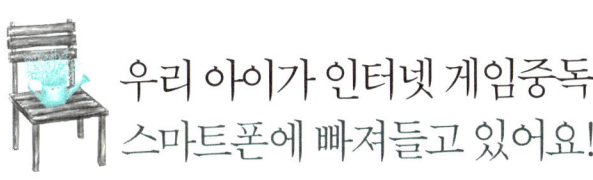

　게임에 빠지기 쉬운 기질이 명백히 정해져 있는 것은 아닙니다. 하지만 기질적인 면에서 확률이 높다는 것이지요. 부모가 이 글을 보고 아이의 기질을 위험한 기질로 몰아가지 않기를 바랍니다. 아이에게 좀 더 신경 쓰고 좋은 방향으로 어떻게 개입할 것인가에 초점을 맞추어야 합니다. 그렇지 않으면 아이가 게임하는 모습만 보고는 무조건 걱정되어 '우리 아이가 중독되기 쉬운 성향이래!'라며 야단치고 제재할 가능성이 커집니다. 앞뒤를 전혀 고려하지 않고 말입니다.

　게임을 하는 이유는 크게 보면 3가지로 구분해볼 수 있습니다. 첫 번째로 해야 할 일들을 하기 싫은 마음에 그 부담감을 게임으로 풀러는 것입니다. 다른 곳에서 받은 스트레스를 게임으로 풀려 한다는 것입니다. 그렇다면 스트레스는 어떻게 받게 될까요?

우선 외부의 자극에 예민하게 반응하면 스트레스를 받습니다. 외부의 자극에 민감한 유형인데다 남들이 시키는 것을 싫어하는 스타일, 즉 민감하면서 주도성이 강한 아이들(때론 고집스러운)이나 틀에 얽매여 살기 싫어하는 자유분방한 스타일들은 일상생활에서 해야 할 일들이 많게 되면 스트레스를 더 받게 됩니다. 내가 원하는 것과 다른 상황이면 스트레스가 되지요.

왜냐고요? 내가 원하고 하고 싶은 건 따로 있는데 머릿속의 할 일들이 이걸 지속적으로 방해합니다. 그러다가 부담감을 견딜 수 없어서 그걸 잊는 방편으로 게임을 하는 식입니다. 게임을 하다가도 누군가 개입하면 중단하지요.

누군가 말려주기를 기대하는 유형들도 있습니다. 나름대로 규칙을 지켜야 한다고 여기는 아이들은 게임을 하면서도 누군가가 자신을 말려주기를 기대하기도 합니다. 할 일을 해야 한다는 생각이 있기 때문이지요. 물론 처음에는 반항하겠지만, 오히려 누군가가 자신의 부담감을 시원하게 대신해주고, 상황을 해결해주기를 바라는 것입니다.

시간을 지켜서 해야 하는 것을 '틀에 얽매였다'며 싫어하는 자유 분방한 기질의 경우, 간섭을 싫어합니다. 그래서 일상에 정해진 의무가 많으면 스트레스를 받아 게임을 합니다.

또한 주도성이 강한 아이들은 해야 할 일을 내가 정한 것이 아니라 주변에서(부모, 선생님, 학습 상황 등) 정했다면 그 일을 하는 걸 자기 존재감이 없는 것처럼 여길 수 있습니다. 그런데 대부분의 경우, 해야 할 일들은 주로 상황이, 주변 사람들이, 필요성에 의해 정해진 것들입니다. 주도성 강한 아이들은 정해진 일을 그냥 따르려니 괜히 억울한 마음이 드는 것이지요. 그래서 규범을 깨는 것을 얽매어 살지 않는다는 의미로 여겨서 게임을 더하게 되는 겁니다.

두 번째 이유는 게임 자체를 즐기기 때문입니다. 게임을 통해 희열과 성취감도 느끼고 분노도 표출해내는 것이지요. 이러한 스타일은 게임만이 아니라 무언가에 꽂히면 열정적으로 해내는 성향의 사람이 주로 그러합니다. 집중력이 강하고 몰두하는 기질의 사람들이지요. 이 기질의 사람들은 게임을 조금 맛보는 수준이 아니라 정복의 대상으로 바라봅니다.

한편 주도성이 강한 아이의 경우 자신이 게임을 잘하고, 게임 세계를 통제하고 있다고 느끼면 매우 통쾌해하며 성취감을 느낍니다. 힘에 대한 욕구가 강한 아이는 고집이 강한 편이고, 자기 주도형(자기중심적인 성향도 해당)인 경우입니다. 이것이 심해지면 게임 세계와 현실을 구분하지 못하고, 게임 세계에서 강한 자신을 현실의 친구들이 알아주길 바라게 됩니다.

게임에 빠지는 세 번째 이유는 그것이 자신의 본능에 가까운 반응이기 때문입니다. 이런 스타일의 사람들은 생각하기보다 행동을 먼저 하는 편이고 주변에 보이는 것에 빨리 반응합니다. 게다가 규칙과 틀에 대해서도 별 관심이 없으며 '좋은 게 좋은 거다' 식으로 자유분방하다면 더 문제가 되겠지요.

한편 남들이 하니까 나도 해야 하는 식의 아이들도 있습니다. 이 아이들은 현실 지향적이고, 순응적인 것처럼 보이지요. 이 아이들은 심심한데 할 것은 딱히 없고, 내 눈앞에 가장 많이 접할 수 있는 대상이기 때문에 게임을 하게 됩니다. 즉 현재 게임이 있기 때문에 게임을 하는 것입니다. 황당한 이유지만 이런 성향의 사람들에게는 주변 환경이 무척 중요합니다. 주변 환경에 따라 생활이 좌우지될 가능성이 많기 때문입니다. 시간이 남으면 시간을 어떻게 써야 할지를 고민하기보다 주어진 환경대로 살 가능성이 많다는 것입니다. 그렇기 때문에 환경이 달라지면 언제 그랬냐는 듯이 게임에서 다른 관심사로 옮겨가기 쉽습니다.

앞서 이야기한 집중력이 강한 기질의 아이들은 한번 뭔가에 꽂히면 끝장을 보는 경향이 있습니다. 이런 아이들이 게임에 매달리게 되는 이유는 게임을 즐기기보다 정복하려 들기 때문입니다. 이 기질의 아이들은 뭐든지 깊이 있게 연구(?)하기 때문에 게임 역시 끝까지 가보는 경우가 많습니다. 이런 의미에서 이 기질이 가진 본능적인 측면인 것이지요. 이 아이들은 되도록 곁에 게임이 없는 환경을 만드는 것이 필요합니다. 다행히 또 다른 집중거리가 생기면, 게임에서 빠져나올 수 있기 때문에 아이가 긍정적인 방향으로 집중을 전환할 수 있도록 이끌어 주어도 좋습니다. 이 아이들은 집중의 대상을 바꿔주면 게임 말고 다른 방향으로 에너지를 쏟을 수 있기 때문에 염려를 덜 하셔도 됩니다.

스마트폰에 빠지기 쉬운 기질이 따로 있나요?

게임만이 아니라, 요즘에는 아이들도 스마트폰 사용이 다반사다 보니 스마트폰으로 '채팅'하는 일도 많아졌습니다. 이 채팅을 적당한 수준으로 하면 좋은데 아이들이 밥 먹을 때도, 잠잘 때도 스마트폰을 놓지 않고 '채팅 창'을 들여다볼 만큼 심각한 수준으로 채팅에 빠지는 일이 많습니다. 그로 인해 거북목과 구부정한 자세로 인한 문제들, 불안 문제까지 생기고 있지요. 덩달아 스마트폰으로 인한 부모의 걱정도 늘어나고 있습니다. 아이들 중에서도 유독 이 스마트폰 채팅을 좋아하는 아이들이 있습니다. 스마트폰 채팅의 알람만 들리면 바로 확인해야 직성이 풀리는 아이, 친구의 대답이 없으면 상심하는 아이들. 스마트폰 채팅에는 아이들의 어떤 욕구와 기질이 나타나는 것일까요?

아이의 기질은 스마트폰 채팅을 대하는 태도에 영향을 줍니다. 예컨대, 다른 사람들과 나를 확실히 구분하는 사람이나 인간관계보다 일에 좀 더 신경을 쓰는 사람은 스마트폰 채팅이 나에게 도움이 되는지 여부를 생각합니다. 그래서 스마트폰 채팅을 필요할 때만 쓰는 편입니다.

반면 스마트폰 채팅을 사교장으로 이용하는 아이들이 있습니다. 매우 사교적인 성향의 아이들이지요. 친구가 많으면 많을수록 좋기 때문에 스마트폰 채팅에 등장하는 사람이 몇 명인지가 무척 중요합니다. 한 번만 인사했어도 '내가 아는 사람' '친한 사람'으로 인식하기 때문에 스마트폰 채팅을 관리하는 일이 매우 중요하지요. 메시지에 대한 대답을 하는 것도 매우 중요한 일입니다. 그러다 보니 스마트폰을 끼고 살지요.

반대로 에너지가 많으면서(활동형) 사람을 좋아하는 사교적인 유형들은 간접적인 소통보다 직접적인 소통을 원하기 때문에 스마트폰 채팅을 즐기지는 않습니다. 물론 이럴 기회가 전혀 없으면 그 대안으로 어쩔 수 없이 스마트폰 채팅을 즐기겠지요. 그러다가 온라인이 만족스럽지 않기 때문에 모르는 사람과도 오프라인에서 만남을 시도하는 위험한 상황이 생길 수도 있겠지요.

부모가 어떻게 개입해야 할까요?

내 아이가 게임과 스마트폰에 너무 빠져들어 걱정이다 싶으면 우선 아이의 기질적인 측면을 살펴보세요. 혹시 아이가 무언가 할 것이 없어서 게임이나 스마트폰을 찾는 건지, 아니면 게임을 정복하고 자신의 유능감을 보이고 싶은 건지, 자신의 스트레스 해소 도구로 혹은 자신의 욕구 충족을 위해(허전함을 채우려고, 심심해서) 게임이나 스마트폰을 택하는 것인지 말입니다. 그래야만 적절히 개입할 수 있는 방안이 보입니다.

아이에게 어떻게 개입하는 것이 좋을지를 알기 전에 부모의 기질부터 파악하는 것이 필수입니다. 부모의 기질이 지나치게 강하면 아이에게 스트레스를 줄 가능성이 높습니다. 지나치게 규범적이거나, 지나치게 주도적인 부모는 아이의 마음 상태를 제대로 파악할 수 없거든요.

가장 위험한 조합은 부모와 아이 모두 주도성이 강한 사람(고집도 세고, 자주 주장도 강하며 남들의 의견을 듣기보다 자기 생각을 우선시 하는 사람) 일 때입니다. 이런 조합이 되면, 부모는 자신의 의도대로 되지 않아서 화를 자주 내게 되고, 아이 역시 자기 마음을 몰라주는 부모 때문에 분노와 반항심이 심해질 수 있습니다. 문제가 해결되기보다 부모는 아이가 게임을 못하게 차단하고 아이는 몰래 하는 식의 여러 방법을 써서 게임을 합니다. 쫓고 쫓기는 상황이 반복되겠지요.

부모가 문제를 키우지 않고 잘 해결하려면 부모의 주도성은 한발 물러서야 합니다. 아이가 게임하는 것에 지나치게 개입하면 오히려 부작용을 키운다는 것입니다. 게임을 통해 아이는 자신의 유능감을 발휘하고 싶은 것이니, 아이에게 여러 가지 활동을 유도해 성취감과 유능감을 맛보게끔 해주는 것이 필요합니다.

우선 그런 의미에서 부모는 아이와 힘겨루기를 피하는 것이 좋습니다. 이 아이들은 부모를 이기고 싶어합니다. 그런데 부모가 그런 아이에게 지지 않으려고 한다면 상처뿐인 영광만 남을 것입니다. 아이가 이기고 싶어하는 것은 나쁜 버릇이 아니라 아이의 욕구입니다. 이 욕구가 채워지지 않으면 어른(부모가)이 되어도 아이를 대상으로 이기고 싶어 합니다. 부모라면 여유 있게 아이의 욕구를 채워주는 자세를 가져야 합니다. 그래야만 이기고 싶어하는 아이의 마음을 받아주고, 게임에 집중하는 것을 막을 수 있습니다.

또한 아이에게 핀잔을 주거나 게임하는 것이 매우 잘못되었다는 식으로 비아냥거리는 것도 말아야 합니다. 특히 주도적인 아이는 이러한 비아냥거림을 못 견뎌합니다. 아이의 이러한 기질을 조심하고, 아이 의사를 충분히 들어주면 아이는 게임이 아니라, 부모를 통해 유능감을 인정받으려 할 것입니다. 자연스럽게 게임에 몰두하는 행위도 벗어나게 됩니다.

그리고 아이가 좋아하는 경쟁적인 구도가 담긴 게임들을 함께 해보세요. 보드 게임이나 윷놀이 등도 좋습니다. 부모와 함께하는 게임은 즐거움을 주면서, 아이가 이기게끔 부모가 게임을 운용할 수도 있으니까요.

아이가 주변과의 조화를 더 우선시하는 기질이라면 (좋지 않는 상황에서조차) 주어진 환경에 순응할 가능성이 큽니다. 이런 아이들이 게임에 빠진 이유는 부모가 방치했을 가능성이 크지요.

아이는 그저 게임이 있으니까 한 것입니다. 이런 경우 부모 역시 환경에 순응하는 편이 경우가 많습니다. 그냥 물 흘러가는 대로 두는 양육을 합니다. 그러다 보니 아이의 욕구에 덜 민감해지고, 뭘 좋아하는

지도 잘 모르고 그냥 두는 것이지요. 아이와 갈등이 생기지 않는다는 것에 만족하면서 말입니다. 그러다 보니 아이는 심심해서, 혹은 게임이 자기 주변에 있어서 빠져드는 경우가 많다는 것입니다. 이러한 유형은 조금만 관심을 쏟으면 금방 게임에서 벗어납니다. 왜냐구요? 아이 내면에 있는 (누구나 있는) 친밀감의 욕구를 채워주기만 하면 되기 때문입니다.

TV 프로그램에 등장한 문제 아이의 치료 사례 가운데 '너무나 문제가 빨리 좋아지는' 사례들은 이러한 유형일 가능성이 참 많습니다. 아이가 좋아하는 놀이를 조금만 해줘도, 아이의 문제 상황은 벗어날 수 있습니다. 아이의 손을 잡고 놀이터에 나가서 함께 놀든지, 여행을 가든지 해서 아이가 게임에서 벗어나 즐겁게 놀 수 있는 상황을 만들면 됩니다.

스트레스를 게임으로 푸는 아이들은 어떻게 보면 회피를 하는 것입니다. 이러한 아이들에게는 스트레스를 줄여주는 것이 키포인트(key point)입니다. 혹시 아이에게 학원을 많이 보냅니까? 공부에 대한 부담감들을 많이 줍니까? 아니면 다른 기대가 큽니까? 이러한 기대와 공부 관심은 아이에게 꼭 필요하다고요? 하지만 스트레스를 주면 아이는 자꾸 게임으로 회피하려고 할 겁니다.

부모가 주도적인 성향이라면 이러한 것들을 받아들이기 힘들 것입니다. 사실 이 기질의 사람들은 다른 사람들의 조언도 좋아하지 않고, 아이의 맘을 받아주는 것도 영 맘에 들지 않습니다. 아이의 게임 중독을 확 바꾸어버리고 싶은 마음은 굴뚝같으면서요. 특히 주도적인 사람은 시간에 대한 촉박함 때문에 맘이 급해 속 터져 할 것입니다. 그렇지만 아이의 변화를 원하고 건강하길 바란다면 조금이라도 부모가 태도를 바꿔야 한다는 걸 잊지 마세요.

5장

부모와 아이가 서로 맞춰간다는 것, 바탕에는 기질 존중이 있다

- 부모와 아이가 서로 이해하고,
친밀한 관계로 나아가는 방법

 # 아이와 내가 비슷한 기질이라면 과연 괜찮을까?

앞에서 우리는 부모와 아이의 기질 충돌에 대해 살펴보았습니다. 서로 다르다는 것이 때로는 매우 큰 파장을 가져옵니다. 그래서인지 많은 부모님들이 나와 비슷한 아이는 지내기가 편하다고 말씀하십니다. 물론 이 말도 맞지만 부모님들은 자신이 가지지 못한 면을 아이가 가지고 있어주길 바라는 마음도 있습니다. 자신은 조용하고 내성적인데 아이는 활달하고 자기표현을 잘했으면 하는 바람이 있는 것이지요. 어떤 부모님은 자신이 너무 활동적이다 못해 덜렁대서 실수도 많은데 꼼꼼한 우리 아들은 실수가 적어서 부럽기도 하다고 말하더군요. 이런 마음에서 알 수 있듯이 부모와 아이가 기질이 같다고 해서 항

상 지내기 좋은 것만은 아닙니다. 그렇다면 부모와 아이의 기질이 같을 경우, 어떤 충돌이 일어날 수 있고, 어떤 점을 유의해야 할지도 살펴볼까요?

속도

먼저 속도에 대한 기질을 살펴보겠습니다. 부모와 아이가 모두 **빠**르다면, 행동과 일을 진행하는 것이 모두 재빠르고, 급하게 처리하려 들 것입니다. 그런데 아이는 아이이거든요. 제 아무리 아이가 빠른 기질이라 해도 부모의 속도를 따라갈 수 없습니다. 그래서 아이가 힘겨워서 헉헉거릴 수 있지요. 그런데 부모는 아이에게 빨리 할 수 있다고 지나치게 요구할 가능성이 많습니다. 아이도 부모와 같은 유형이기 때문에, 빠른 것이 가치 있다고 여기며 더 빨리 하려고 하기 때문이지요. 그만큼 과정이 점점 더 엉망이 될 수 있습니다.

반대로 부모와 아이가 다 느린 기질일 때는 어떨까요? 부모와 아이가 모두 급한 게 없어서 좋겠지만 결국 바깥에서 요구하는 속도와 어떻게 맞추어 나갈지가 가장 문제될 수 있습니다. 집에서는 크게 문제되지 않겠지만 말이지요. 이를테면, 아이가 유치원이나 학교에 가는 시간에 자주 늦을 수 있습니다. 뿐만 아니라 과제나 자기 할 일들을 제대로 다 못 끝내는 일이 많아서 게으른 아이로 비춰질 수 있지요. 이런 부모와 아이 곁에서는 적어도 빠른 기질과 비슷한 유형이 필요합니다.

고집

고집의 측면에서도 기질이 같을 수 있습니다. 부모나 아이가 둘 다 너무 순하다면(내성적인 기질과 마찬가지로) 갈등 상황이 적어서 부모와 아이 사이에 부딪침이 없습니다. 아이는 잘 지내고 배만 부르면 잘 놀거든요. 엄마 역시 순한 성격이어서 주변 자극에 대해 타협과 참고 넘기는 일이 많습니다. 그러다 보면 자칫 아이를 방치할 수 있습니다. 아이가 엄마를 찾지 않으니까 엄마 역시 적극적으로 아이에게 다가가서 자극을 주지 않기 때문이지요. 욕구에 대한 바람도 크지 않기 때문에 그냥 모든 상황에서 편하게 만족하지요. 그러다 보면 아이는 어느새 자극을 받지 못한 상태에서 자기 세계에 빠지는 경우도 있습니다. '반응성 애착 장애' 아이의 경우 유순한 기질들이 많습니다. 차라리 예민하고 까다로우면 엄마의 손길을 한 번이라도 더 받을 수 있습니다. '우는 아이에게 젖을 물리고 우는 아이를 한 번 더 안아준다'는 말처럼 까다로운 아이는 엄마의 자극을 유도하지요.

유순한 부모는 아이를 편한 대로 내버려두기 때문에 방치할 가능성이 많습니다. 태어나서 초기 2, 3년 이내에 아이가 엄마에게서 방치되면 아이는 사람과의 교류 경험이 적어서 자기세계에만 몰두하게 될 가능성이 많습니다. 유순한 엄마는 아이가 TV를 볼 때도 그냥 두고 아이가 혼자 잘 놀면 크게 힘들어하지 않습니다. 아이가 요구하면 적절하게 반응을 하는 편이지만 요구가 없으면 그냥 내버려 둔다는 것이죠.

이러한 방치는 결국 아이의 언어 발달과 인지 발달, 사회성 발달에 큰 영향을 줍니다. 아이를 키울 때 엄마가 스트레스를 받을 일도 별로 없습니다. 이처럼 양육 환경에 크게 문제가 없더라도 유순한 기질이 같이 맞물리면 '아이 방치'라는 큰 문제가 자칫 생길 수 있다는 것입니다.

반대로 아이의 고집이 센데 부모의 고집도 역시 세다면요? 뭔가 상상이 되지 않으세요? 이 집은 사사건건이 전쟁터가 됩니다. 서로 고집을 관철하기 위해, 절대 꺾이지 않으려고 부모와 아이가 각을 세우고 대듭니다. 아이가 어릴수록 이런 상황이 더 많은데, 고집이 센 엄마는 '세살 버릇 여든까지 간다, 엄마가 무능하니까 아이에게 휘둘린다'는 생각으로 아이의 고집을 확 꺾으려고 합니다. 그러면 대부분의 경우 아이의 고집이 꺾입니다. 겉으로 보기에는 아이 고집이 꺾인 것 같은데, 사실 아이는 언제든지 만회할 기회를 노립니다. 고집 때문에 엄마에게 혼이 나면 집에서는 고개를 숙일지 모르지만 바깥에 나가서는 자신의 고집과 존재감을 확인하려고 합니다. 그 때문에 다른 아이들에게 고집을 부리거나, 남을 괴롭히는 일이 종종 생깁니다.

아이의 이런 행동을 보면 부모가 가만히 있지 않지요. 아이가 남을 때리거나 괴롭혔다는 소리를 들으면 고집 강한 부모는 아주 강하게 아이를 대합니다. 매를 들기도 하고, 아이에게서 '다시는 안 그러겠다'는 다짐을 받아냅니다. 그러면 하루, 이틀은 조용한데 아이는 또다시 자신의 존재를 나타냅니다. 집에서 사사건건 말을 안 듣고 반항하고 친구들을 괴롭힙니다. '고집'이라는 것은 자신의 존재를 드러내는 것이기도 한데 부모와 아이가 서로 드러내려고 하니까 갈등이 증폭되지요.

엄마는 아이가 말을 잘 듣게 하기 위해 갈수록 통제를 더 강하게 하고 아이 역시 반항의 정도가 더 세집니다. 야단에서 시작해서 심하면 아이를 집에서 쫓아내기까지도 하지요. 부모는 아이가 자신의 말을 안 듣는 것을 '나를 무시한다'고 받아들이고 아이는 부모가 야단치는 것을 '나를 꺾으려 한다'고 받아들이기 때문입니다. 하지만 부모와 아이가 다 고집이 세다고 해서 이렇게 어긋나기만 하는 것은 아닙니다.

부모가 자신의 존재에 대해 확신이 있고 자라면서 존중받았다면, 아이의 고집을 부정적인 반항으로만 보지 않습니다. 아이의 고집을 '너도 자신을 세우려고 노력하는구나.'라고 생각합니다. 물론 아이가 해서는 안 될 행동을 하면 분명하게 선을 긋습니다.

인간관계

사람들을 좋아하고 만나는 것을 즐기는 기질의 사람들이 있지요. 만약 아이나 부모가 둘 다 이러한 기질이면 집에 손님들이 오거나 다른 사람을 만나는 것이 매우 기쁘고 즐거울 것입니다. 그런데 이 좋은 상황에서 조심할 것이 있다구요?

사람들을 좋아하는 것은 참 좋은데 아이들이 어릴 때는 이것이 문제되기도 합니다. 어릴 때부터 다른 사람들이 집에 오면 그 집은 아줌마들의 아지트가 되지요. 아이도 친구를 만나는 것을 좋아하고 사람들이 오는 걸 좋아하니까 큰 문제는 못 느끼지만 그러다 보면 아이에게만 집중해야 하는 시간이 줄어들고 심하면 아예 없어집니다. 아이는 어릴 때일수록 부모에게서 관심과 사랑을 받을 시간이 반드시 필요합니다. 그런데 엄마가 사교적이다 보니 아이가 누구에게서나 관심을 받아도 된다고 여기고 아이를 여기저기 맡길 수 있지요. 그렇게 되면 아이는 하나밖에 없는 부모의 존재를 느끼지 못하고, 엄마나 다른 사람의 비중이 같아집니다. 그 결과 아이는 인간관계에서 깊이 있게 사귀는 관계를 만들지 못하고 표피적인 관계만 만들어갈 수 있습니다. 아이는 먼저 부모와의 관계가 돈독해진 상태에서 다른 사람과의 관계를 만들어야만 안정적인 사회성을 보이기 때문입니다.

또한 집에 사람들이 오면 아이나 부모나 다 좋아하는데, 자기 식구끼리 있으면 오히려 심심해하고 잘 지내지 못합니다. 결국 우리 가족이라는 울타리가 없다는 것이지요. 이 경계가 있어야 아이에게 안정감과 만족감을 줄 수 있거든요.

사교적인 상황에서 아이도 즐기기 때문에 별 문제가 없어 보이지만 실제로는 아이가 흥분되어 있을 가능성이 많습니다. 그래서 식구끼리 있는 상황에서는 처져 있거나 자기 할 일에 집중하지 못하다가 사람이 왔을 때는 지나치게 흥분할 수 있습니다. 엄마의 존재가 다른 사람의 존재와 똑같은 비중이라면? 이것은 썩 좋은 상황은 아닙니다. 아이에게 엄마는 세상에서 유일무이한 존재여야 합니다. 그래야 아이의 내적 중심이 흔들리지 않거든요.

반대로 아이와 부모가 모두 내향적이라면 어떨까요? 이 경우는 집안이 조용합니다. 서로 소리 낼 일도 적고 부딪침도 적습니다. 그런데 이것이 곧 문제의 소지가 될 수 있습니다. 부딪침이 없으면 갈등도 없는데 왜 문제될 수 있을까요?

부딪침이 가져오는 긍정적인 것이 있지요. 바로 자극입니다. 내향적인 기질의 부모는 아이에게 자극을 적게 줄 수 있습니다. 부모가 내향적이거나 너무 조용하면 아이의 옹알이를 되받거나 언어적인 자극을 적게 줄 수 있습니다. 옹알이는 의미 없는 말이지 않습니까? 그렇기 때문에 옹알이를 받아서 엄마의 말로 '종알'거리는 태도가 내향적인 부모에게 민망하고 어색해서 쉽지가 않습니다. 게다가 아이까지 조용하니 서로 언어적인 자극이 부족할 가능성이 많지요. 이러한 '자극 부족'과 같은 환경적인 이유로 언어 발달의 지연을 보이는 아이들이 많다는 걸 유의해야 합니다.

규범과 틀

규칙을 준수하고 논리적인 기질에게는 법이 따로 필요 없습니다. 법 없이도 충분히 살아갈 수 있지요. 왜냐구요? 이미 집안에 지켜야 할 틀을 많이 만들어놓았기 때문입니다. 이 기질의 사람들은 자기 욕구를 절제하면서 규칙에 따라 남을 배려하기 때문에 화목한 집안 분위기를 볼 수 있습니다. 그런데 한편으로는 경계해야 할 것들이 있습니다. 어른인 부모는 자신을 조절하며 규칙을 잘 준수하는 것이 가능

할지 모르지만, 아이들은 도덕적이 되기 이전에 자신의 욕구 그릇을 채워줘야만 합니다.

하지만 아이의 욕구를 채워주는 것이 가정 분위기상 힘들 수 있습니다. 아이의 기질도 부모와 비슷하니까 절제시키면 그대로 따라 하는데 이로 인해 아이는 자신을 지나치게 억제해서 자칫 자신이 느끼는 감정과 겉으로 드러내야 하는 감정의 괴리 현상을 보이기도 합니다. 속으로는 엄마에게 얄미운 감정이 있어도 "엄마가 우리를 위해주시니까 고마워요."라는 표현으로 포장한다는 것입니다. 이러한 괴리가 오래 지속되면 내면에 분노가 쌓여서 화를 터트리거나, 이로 인해 심한 죄책감을 느껴 힘들어할 수도 있습니다. 그리고 규범적인 부모에 미치지 못하는 자신에 대해 열등감을 가질 수 있습니다.

또 다른 문제점은 아이가 융통성이 없을 가능성이 있습니다. 부모를 통하여 보는 세계가 좁기 때문에 경험의 폭이 좁습니다. 아이에게 예견치 못한 갈등이나 문제 상황이 생기면 다양한 변수들을 고려해야 하는데, 한 가지만 고집하여 접근할 수 있습니다. 융통성이 없다는 것은 전체적인 파악이 안 된다는 뜻입니다. 이것은 사회적인 맥락을 이해하고 받아들이는 능력이 부족하다는 것이지요.

논리적이고 이성적인 기질은 다른 사람과의 관계나 상황에 대해서 이성적이고 논리적으로 판단합니다. 그러나 자신에 대해서는 남이 감성적인 면을 이해해주기 바랍니다. 상대가 자신의 감성적인 면을 놓치면 '이러이러하기 때문에 덮자.'라고 이해하고 넘어가지만 감정적으로는 무언가 쌓이게 됩니다. 이성적으로는 상대가 충분히 이해되지만 감정적인 것은 그냥 덮어놓기 때문에 마음의 불편함이 남습니다. 이러한 불편함을 다른 것으로 표출하기도 합니다. 부모와 아이가 모두 이러한 기질이라면 논리적인 접근을 한 다음 감성적으로 다독여주면 잘 지낼 수 있습니다. 부모가 아이에게 "너는 학생이니까 힘들어도 공부해야 하고 학원도 가야 해."라고 억지로 시켰다면, 나중에 아이에게 "공부하느라고 많이 힘들었지?"라며 감정적 표현을 해주면 별다른 문제가 없을 것입니다.

한편 부모와 아이가 틀과 규칙에서 벗어나 자유로운 것을 좋아하는 기질일 수도 있습니다. 이 기질의 경우 부모와 아이가 서로 규제하지 않기 때문에 평상시에는 잘 지낼 것입니다. 그런데 틀이 없다 하더라도 부모나 아이가 나름대로의 스타일이 있는데 이것이 일치하지 않을 경우 문제가 생깁니다. 같은 기질이라도 아이의 경우는 부모보다 훨씬 더 자유분방하거든요. 그래서 아무데서나 밥을 먹고, 제멋대로 공부합니다. 부모 입장에서는 대체로 이것을 여유 있게 봐줍니다. 그러다 보니 아이가 잘못을 했을 때 어차피 부모가 강하게 나오지 않을 것이란 걸 알고 아이는 부모의 지적을 그냥 무시합니다. 결국 부모가 아이 뒤치다꺼리를 하는 일이 많아지고 화를 내는 상황이 반복될 수 있습니다.

집중력

부모와 아이가 한곳에 집중하는 걸 좋아한다면 어떨까요? 가족이 뭔가 일을 추진할 수 있는 원동력이 존재합니다. 그런데 부모나 아이가 모두 흥밋거리에 집중하다 보니 가족끼리 끈끈함을 맛보지 못할 수 있습니다. 자신의 흥미에 따라 몰두하기 시작하면 다른 사람이 보이지 않거든요. 서로 방치할 수 있지요. 아빠는 신문을 보는 데 몰두하고 엄마는 드라마에 몰두하고 아이는 책을 읽는 데 몰두하면 집안은 조용합니다. 이것은 아이에게 결코 유익한 환경이 아닐 것입니다. 아이에게는 집중도 중요하지만 관심도 매우 중요합니다.

부모가 아이에게 몰두할 수 있어야 합니다. 그렇지 않으면 아이는 사람 사이의 교감과 경험보다는 책이나 자기 흥밋거리에 집중함으로써 감정 경험이 풍부하지 못하고, 감정 표현도 힘들어질 수 있습니다.

그리고 집중하는 기질이라고 해도 모두 같은 시간대에 몰두하지는 않습니다. 그러다 보니 부모와 아이가 무언가에 집중하는 시간대가 서로 달라서 건성으로 대하게 됩니다. 아이는 부모의 그런 반응에 자신이 가볍게 여겨진다는 느낌을 받고 자기 존중감도 떨어지게 된다는 것을 유의하세요.

표현

부모와 아이가 모두 말이 많고 표현력이 풍부하면 집안은 조용해질

틈이 별로 없을 것입니다. 그러나 시끄러운 것은 별 문제가 아닌데, 서로 자기주장을 펼치고 상대의 입을 막으려고 합니다.

무슨 이야기냐구요? 말하는 걸 즐기는 사람은 다른 사람이 같이 말해주는 것보다는 자기 말을 관심 있게 들어주길 바라거든요. 그러니 서로 스트레스를 받고 말하기 경쟁을 하는 상황이 종종 일어납니다.

반면 부모나 아이가 말보다는 생각을 즐기는 타입이라면, 집안에서도 말을 적게 하기 때문에 아이가 무슨 생각을 하는지, 부모의 생각이 무언지를 모를 경우가 많습니다. 서로 말하지 않아도 잘 알 거라고 기대하지만, 생각이 눈빛으로 드러나는 것이 아니기 때문에 오해나 서운한 일도 종종 생기지요.

당연히 부모나 아이 사이에서 눈빛만으로 소통하는 건 불가능합니다. 그러다 보니 동상이몽일 때가 많습니다. 부모는 아이에게 잘해줬다고 생각하는데 아이는 엄마가 자신의 마음도 모른다고 생각하는 식이지요. 이렇게 말수가 없는 부모와 아이는 자신을 적극적으로 표현하지 않고 에둘러 말하기 때문에 생각보다 오해가 깊어질 여지가 큽니다. 부모는 익숙하지 않겠지만 머릿속의 생각을 아이에게 표현하도록 노력해야 합니다. 아이 역시 부모의 표현을 보고 말하는 걸 배우게 되니까요.

예민함

아이나 부모가 다 예민한 경우에는 사소한 상황에 대해서 큰 반응들이 일어납니다. 그 반응이 서로를 더 자극하고, 예민하게 만들지요. 예컨대 예민한 기질의 아이가 "엄마, 나는 왕따인가 봐."라고 말하면 엄마는 아이의 속상함을 물씬 느끼고 불안해하며 심지어 몸이 아파 드러눕기도 합니다. 예민한 부모는 아이의 자극에도 너무 민감하게 반응하기 때문에 신체적으로도 많이 힘들 수 있습니다.

하지만 아이 역시 예민한 편이라 그날 친구들과 충분히 놀지 못한 마음을 과하게 말했을 가능성이 있습니다. 전후 상황을 파악하지 못하고 무조건 아이의 반응에 부모가 예민하게 반응한다면 불안이 커지게 될 것입니다. 물론 아이가 평소에 친구도 없고 사회성 문제가 있었다면 이런 반응은 당연한 것일 겁니다. 하지만 그렇지 않다면, 이것은 부모의 예민한 기질이 또 다른 불안한 감정을 만들어내는 상황입니다. 예민한 감정의 표현은 대체로 불안으로 드러나는데 이러한 불안은 전염성이 강합니다. 아이는 엄마의 감정에 자극을 받게 되기 때문에 부모와 아이 모두에게 부정적인 영향입니다.

예민함을 적절하게 조절하고, 섬세함을 긍정적으로 활용하는 부모라면 아이가 느끼는 감정에 지혜롭게 반응할 수 있습니다. 그래서 예민한 아이의 욕구를 잘 채워갈 수 있지요.

남과 나 사이의 밸런스

부모와 아이가 남을 위주로 생각하는 기질이라면 서로 배려하기 때문에 집안 분위기가 좋습니다. 양보를 미덕으로 알지요. 하지만 아이에게는 배려도 중요하지만 자기 욕구를 채울 기회도 함께 있어야 합니다. 그런데 이 기질의 부모는, 집안에서도 자신보다 남을 배려하는 일이 많습니다. 때론 다른 집 아이가 우리 아이보다 더 대접을 받지요. 아이가 이런 부모의 처사에 따지거나 불평하지는 않지만 자신도 알지 못하는 욕구의 불만이 계속 쌓여갑니다. 그 결과 아이에게 신체적인 불편함이 나타나거나 남을 마음껏 배려하지 못하는 자신을 탓하는 죄의식이 오기도 한다는 걸 유의해야 합니다. 또한 아이가 어른이 되거나 사춘기 시절에 이 배려를 잠시 접는 시기가 옵니다. 이 부분도 부모가 충분히 고려해야 할 것입니다.

반대로 자기중심적인 기질의 부모와 아이도 있습니다. 서로 이기적인 면모를 보여서, 간혹 가족이 아니라 자기가 원하는 걸 누가 더 먼저 가져가는지 겨루는 사이처럼 보이기도 합니다. 예를 들어, 가족 중 한 사람에게 입맛이 맞는 반찬이 있다면 아이고 어른이고 할 것 없이 자기 입맛에 맞는 반찬으로 해달라고 투덜대는 모습들이지요. 나와 남 사이에 밸런스를 잘 맞추려는 노력이 없다면 가족 간에도 자기 이익을 위해 이용하려 드는 파렴치한 모습까지 갈 수 있음을 유의해야 합니다.

이렇게 보면 같은 기질이든 다른 기질이든 다 받아들이기 나름일 것 같은데, 왜 그것을 인정하기가 어려울까요? 그것은 상대편의 기질에 대해 얼마나 받아들일 태도를 취하는지, 부모와 아이의 관계가 얼마나 긍정적인가에 달려 있다고 생각됩니다. 부모와 자녀가 서로 친밀하다면 상대편의 기질에 대해서도 긍정적이라는 것입니다. 결국 사람과 사람 사이의 관계에 따라서 나와 다른 기질도 긍정적으로 볼 수 있고, 나와 같은 기질도 부정적으로 볼 수 있게 된다는 것입니다.

 # 부모이기 때문에 아이를
객관적으로 볼 수 없는 현실

　많은 부모들이 자신이나 아이를 잘 알고 있다고 생각합니다. 그런데 어떤 경우에는 현재 보이는 특성들이 환경과 상호 작용하면서 여러 모습으로 변형되기도 합니다. 부모의 현재 상태에 따라 아이의 기질적 특성이 과하게 느껴지거나 다르게 보이기도 하지요. 선글라스를 끼고 실내에 들어오면 모든 것이 어둡고 검게 보입니다. 마찬가지로 부모라는 위치가 주는 부담감이라는 선글라스 때문에 아이의 모든 행동이 더 커 보이고 때론 전혀 다르게 해석되는 것입니다.

　상담 현장에서 부모가 평소 아이의 정반대 모습을 뒤늦게 발견하고 놀라는 일이 많이 있습니다. 무척 강한 아이로 알았는데 너무나 유순한 면모가 있었다든가, 말수가 없는 아이인 줄 알았는데 기회가 주어지니까 말을 무척 잘한다든가 하는 의외의 모습들 말이지요. 부모와 아이의 관계가 나아지면 아이는 전혀 다른 모습을 보여주기도 합니다. 아이가 책을 멀리해서 걱정이 많았던 한 부모는, 아이와의 관계가 회복되자 얌전히 앉아서 책을 보는 아이의 모습에 깜짝 놀랐다고 합니다. 부모가 노력하면서 아이가 변화되는 것을 보니 아이의 걱정스러운 부분이 기질이라기보다는 정서적인 불안에서 왔다는 걸 알았던 것이지요.

이것과는 다른 경우지만, 아이에게 장애가 일부분 있을 때 부모가 기질을 잘못 보는 일이 생깁니다. 예컨대 아이가 한 가지에 몰두하는 걸 보고 집중이 강한 기질이라고 여겼는데, 어떤 경우에는 그것이 자폐적인 성향 때문일 가능성이 있습니다. 그래서 부모가 아이를 너무 긍정적으로 생각하다 보면 문제를 오래 방치해서 더 커지기도 합니다. 아이가 어릴 때 혼자서 영어나 한문 같은 언어를 스스로 익혀서 영재라고 생각했다면(물론 영재일 가능성이 많지요) 한편으로는 발달의 불균형일 수 있다는 가능성도 생각해봐야 합니다. 이 경우 아이를 영재 프로그램에 참여시키기 이전에 상담치료를 먼저 받아야 합니다.

아이가 아무에게나 잘 가고 낯가림이 없어서 사교적이라고 생각했는데 자랄수록 사람들과의 관계가 매우 피상적임을 알게 됩니다. 시간이 흘러갈수록 부모의 말이나 지시사항을 받아들이는 데 문제가 있어서 전문기관을 찾으면 '반응성 애착장애' 중에 '무선별 애착형'으로 드러나기도 합니다. 아이의 기질을 잘못 보았다가 치료 시기를 놓치고 학교에 들어가서야 전문적인 도움을 찾는 경우도 많이 있습니다.

　　이처럼 부모가 아이의 기질을 잘못 볼 경우 공통적으로 부모가 아이에 대해서 다른 사람들의 의견을 듣지 않는 측면이 있습니다. 부모가 바빠서 '우리 아이는 원래 이래!'라고 생각하거나 아니면 주변 사람들과 왕래가 많지 않아서, 비교할 기회가 적어서, 혹은 다른 사람 말을 원래 잘 받아들이지 않아서 말입니다. 부모가 아이를 양육할 때는 주변과의 의사소통 통로도 활짝 열려 있어야 더 객관적일 수 있음을 꼭 기억하세요. 반대로 어떤 부모는 아이에 대한 이해가 부족한 사람들의 조언을 그대로 받아들이기도 합니다. 주변과의 의사소통 통로도 필요하지만 이것을 객관적으로 볼 수 있게끔 다양한 사람들과의 만남을 균형 있게 유지해야 할 것입니다.

# 사실, 아이만 바라보기에는
너무 힘든 부모들

　아이의 기질을 잘 존중하고 부모 역할도 매우 잘해내고 싶은데 마음만큼 잘되지 않나요? 부모가 지닌 현재의 스트레스와 경제적인 어려움은 아이의 기질을 바로 보기 힘들게 하는 요인 중 하나입니다. 상담을 할 때 많은 부모님들이 아이들에게 노력하려고 해도 경제적인 어려움 때문에 잘되지 않는다고 합니다. 또 시댁이나 친정, 남편과의 갈등 등이 아이를 제대로 양육하는 데 많은 어려움을 주고 있습니다. 그리고 부모 각 개인의 성격 문제도 해결해야 할 과제입니다. 기질 이야기를 하다가 뜬금없이 웬 성격이냐구요? 부모가 자랄 때 야단이나 통제를 많이 당하고 편안함을 경험하지 못했다면 자신의 아이를 제대로 파악하기가 힘듭니다. 결국 여러 상황에서 부모가 자신의 욕구를 제대로 채우지 못하고 자랐다면, 그 욕구를 아이를 통해 채우려고 하기 때문에 아이의 기질이 눈에 잘 보이지 않습니다.

배우자와의 갈등도 같은 맥락에 있습니다. 많은 부모들이 자신의 부모에게서 받지 못했던 관심과 사랑을 배우자에게서 받기 원합니다. 남편은 부인이 자신의 엄마이길 바라고, 부인은 남편이 자신의 아버지이길 바랍니다. 배우자를 심리적으로 자신의 욕구를 채워줄 부모로 받아들인다는 것입니다. 그런데 배우자가 부모일 수는 없습니다. 물론 가끔 부인이 엄마 역할을 해주는 경우가 있지만 그 관계가 결코 오래 유지되지 않습니다. 그로 인한 갈등으로 마음의 여유가 생기지 않기 때문에 아이 양육에 에너지를 쏟기가 힘든 것입니다.

때론 양육의 균형이 잡히지 않아서 문제가 생기기도 합니다. 부인과 남편 중 한쪽만 역할을 하는 경우 무심한 배우자를 향한 서운함과 화가 쌓이게 됩니다. 결국 그 화를 아이에게 전가하는 상황들이 생겨납니다.

문제를 해결하려다, 도리어 문제를 만드는 부모들

그렇다면 이런 문제를 어떻게 해결하는 것이 좋을까요? 우선 부모가 스스로 자라온 환경을 되짚어보세요. '내 부모는 어떤 사람이었고 내가 부모에게 어떤 걸 원하고 받아왔는지' 등을 말입니다. 혼자 하기 힘들다면 상담을 받아서 자신을 바로 보는 것도 좋습니다. 그래서 지금 이러한 감정이 아이에게 어떻게 전달되는지 알아야 합니다.

이 깨달음 뒤에 부모가 어떤 태도를 취하는지가 매우 중요합니다. 어떤 부모는 자신의 문제를 깨닫고 그것과 정반대의 태도를 보이다가 문제를 만들기도 합니다. 예를 들어 부모가 '난 잔소리가 너무 싫었으니깐 우리 아이에게 절대 잔소리를 안 할 거야.'란 생각으로 아이를 대합니다. 그런데 잔소리를 삼가는 걸 넘어서 아이에게 하고 싶은 말까지도 조심하고, 표현하지 않게 되어 아이와의 소통 문제가 생기는 경우도 있습니다.

또한 관심 없는 부모 밑에서 자란 부모는 자신이 받지 못한 관심을 아이에게 주려고 노력합니다. 그래서 아이의 일거수일투족에 관심을 갖고 아이가 원하든 원하지 않든 관여하려 듭니다. 이것이 무관심보다 낫다고 생각하면서 말입니다. 다시 말해, 자기 깨달음으로 인한 반대급부가 모양만 다르지 같은 문제를 보일 수 있다는 걸 유의해야 합니다.

배우자에 대한 기대를 해결하자

요즘 부모 역할에 대한 중요성을 여기저기에서 많이 이야기합니다. TV, 책, 잡지 등 많은 매체에서 배우자와 함께 아이를 잘 양육하라고 조언하지요. 대체로 엄마들이 남편에게 양육에 대한 협조를 요구하지만, 남편들은 아내의 말을 그냥 잔소리로 듣습니다. 아빠들은 회사 일이나 사회생활에 지나치게 중점을 두기 때문에 양육에는 피곤해서, 혹은 시간이 없어서 못한다고 피합니다. 하지만 아이의 기질을 맞추고 친밀한 관계를 맺는데 아빠의 역할을 반드시 필요합니다.

우선 남편의 마음을 녹이는 것이 중요합니다. 그래야 육아의 중요성을 잔소리가 아닌 필요한 조언으로 받아들일 것이기 때문입니다. 그러기 위해서 아이와 마찬가지로, 남편 역시 좋아하는 것과 기질 등을 파악해서 접근할 필요가 있습니다. 그것이 음식일 수도 있고 자신을 이해해주는 친절한 태도일 수도 있습니다. 이런 노력들을 하면 남편은 아내의 말을 호의적으로 듣는 태도를 갖게 됩니다. 무작정 당신은 부모니까 해야 된다는 말은 당위성은 있지만 남편의 마음을 움직이지 못합니다. 오히려 부담스럽게 만들고 귀찮게 느껴질 수 있지요.

이런 노력들을 하면서 남편에게 아이와 놀아주는 것을 의논하거나 언제, 어떻게 하면 아이가 좋아하는지를 말해보세요. 남편이 무언가를 잘했다면 "그렇게 하면 된다, 더 해라." 식의 평가하는 태도는 좋지 않습니다. 그러면 통제받는 느낌이 들기 때문입니다. 그보다는 "당신이 아이와 놀아주는 모습을 보니까 기분이 좋다." 내지는 "당신이 아이에게 관심을 가져 주니까 내 마음이 한결 가볍다." 같이 고마움을 표현해보세요. 이것은 단순히 부모의 역할을 잘하는 것에서 그치는 것이 아니라 아이들의 눈에 부부가 서로 존중하고 위하는 관계로 비춰집니다. 아이가 자라서 결혼생활에 대해 긍정적인 면을 느끼고 안정감을 갖게 하지요.

시댁과의 문제도 같은 방식으로 접근하는 것이 좋습니다. 효자인 아들 역할만 하는 남편은 자기 가정과 아내는 관심이 덜한 것처럼 보입니다. 그러다 보면 부인의 스트레스가 엄청나죠. 남편의 효자 역할을 그만두게 할 수는 없지만 균형을 잡게 할 수는 있습니다. 아내도 그 전에 받지 못한 관심을 받음으로써 100%는 아니라도, 마음의 편안함을 느끼고 부부 간의 갈등 역시 줄일 수 있습니다.

한 사람의 환경은 여러 환경과 연결되어 있습니다. 그 여러 환경들을 다 조정할 수는 없지만 대신 환경의 부정적인 영향들을 차단하기 위해서 현재의 위치인 '우리 가정'의 울타리를 더욱 든든히 할 수밖에 없습니다.

 평생 애틋한 부모와 아이 관계,
그 답은 '기질 존중'

    서로 다른 기질을 맞추어 나간다는 것은 어려운 작업입니다. 이 책에서 나오는 기질들은 기존의 기질 이론을 바탕으로 했다기보다 상담하면서 부모님들이 아이들과 실제로 겪는 문제를 중심으로 구분했습니다. 앞에서 언급한 기질을 보실 때 주의할 점들이 있습니다. 한 가지 기질이 곧 나를 대표하는 것은 아니라는 것입니다. 표현하는 기질, 속도 기질, 주도성의 기질 등 여러 기질적 측면을 종합하면 곧 '내'가 되겠지요.

    아이들은 고유의 기질을 가지고 태어납니다. 그런데 어떤 아이는 태어날 때부터 자신의 기질을 고치길 바라는 환경에서 자라고 어떤 아이는 있는 그대로 받아들여집니다. 많은 부모들이 자녀를 잘 기르려는 열정은 무척 많지만 아이를 고려하기보다 부모가 기대하는 방향으로 열정을 갖기 때문입니다. 그 열정으로 무턱대고 아이를 대한다면, 그만큼 아이는 퇴보합니다. 서로 어긋난 부분이 클수록 상처도 크고 부모 노릇에 대한 자책감도 많아지지요.

부모와 아이의 문제에서 해결점은 부모의 의도를 아이가 얼마나 받아들일 수 있고, 얼마나 아이의 기질을 인정한 것인지를 아는 데서 시작합니다. 모든 기질은 서로 보완적인 측면이 있습니다. 이 보완적 측면을 잘 맞추고, 존중해나가야 합니다. 아이를 볼 때 나의 부족한 면을 아이가 가지고 있다는 자긍심도 가져야 합니다. 그런데 서로 다른 기질을 맞추기가 결코 쉽지 않기 때문에 자긍심이 생기기는커녕 힘들다는 생각만 앞서지요. 아이와 보는 시각도 다르고, 행동, 태도, 접근 방식도 다르기 때문이지요. 그러나 이 힘든 것들을 조금이나마 도와주는 것이 바로 아이와의 친밀한 '관계'입니다.

그러면 관계는 어떻게 만들어가는 것일까요? 먼저 아이를 자세히 관찰하십시오. 아이가 어떤 경우에 화가 나고 즐거운지, 좋아하는 것은 무엇이고 싫어하는 것은 무엇인지 등을 관찰하십시오. 이것은 아이의 기질을 잘 파악하기 위함입니다. 이러한 것들을 파악했다면 이제는 그것을 지원해줄 차례입니다. 관계는 상대편의 마음을 존중해주어야만 가능합니다. 상대의 마음을 사로잡지 않고서는 나를 전달할 수 없습니다.

하지만 아이가 좋아하는 것들은 문제행동으로 나갈 여지가 있어 보인다구요? 그래서 불안하다구요? 그렇다고 해도 그것만 있지는 않을 것입니다. 부모들은 아이의 부정적인 면에 대한 파악이 더 빠릅니다. "아이가 컴퓨터를 많이 하는데요, 아이가 인스턴트를 좋아하는데요." 라고 이야기하지만, 아이에게 이런 면만 있지는 않을 겁니다. 아이의 부정적인 측면을 고치는 것보다 아이가 좋아하고, 긍정적인 측면에 대해 지원해주세요. 이를 통해 아이는 부모가 자신을 인정해준다는 느낌을 받습니다. 그것은 곧 아이의 자신감, 자존감을 만드는 데 큰 도움이 됩니다.

많은 부모님들이 아이가 어떤 방면에서 우수하거나, 상을 받는 등 성취감을 느끼게 해줘야만 자신감이 생길 것이라고 오해합니다. 물론 아이가 우수한 능력이 있다면 자신감에 도움이 되겠지요. 하지만 그것이 전부는 아닙니다. 아이는 부모가 자신의 기질과 선호를 충분히 동감해주는 것으로 '부모에게 진심으로 사랑받고, 지원을 받고 있다'고 느낍니다. 이것은 아이에게 당당함과 자신감을 갖게 합니다. 아이가 일류대학을 다닌다고 해서, 자신감이 넘치는 것은 아닙니다. 오히려 그 내면에 열등감이 더 많을 수 있습니다. 즉 특정 능력 자체가 자신감의 원천은 아니라는 겁니다. 아이의 자신감, 자존감은 부모가 아이의 모습을 인정해줌으로써 생깁니다. 부모가 아이를 인정해주는 것, 아이의 발달 단계에서 보이는 특징들을 그대로 받아들이는 것은 반드시 필요합니다.

각 가정에 따라 아이를 사랑해주고, 아이를 인정하고 받아주는 구체적인 방법이 달라집니다. 아이에게 말을 자주 걸어주는 게 좋다고 해서 모든 아이들이 다 좋아하는 것은 아닙니다. 우리 아이는 말을 걸어주기보다 함께 행동하는 걸 좋아할 수 있습니다. 부모가 아이에게 사랑과 관심을 쏟는 것도 색깔을 다르게 할 필요가 있습니다. 그리고 우리 아이가 커갈수록, 그 성장 발달에 따라 부모도 적절하게 달라져야 합니다.

어떤 아이는 또래 친구를 좋아할 시기에 부모하고만 놀려고 합니다. 부모가 애써 친구와 놀라고 아이를 타이르는데 아이는 친구에게도 못 가고, 부모에게도 못 가는 어정쩡한 상태로 머물고 맙니다. 아이가 부모에게 더 매달린다면 아직은 부모에게서 뭔가를 더 받아야 한다는 신호이기도 합니다. 아이의 현 상태를 그대로 인정해주세요. 아직 수줍음이 많고 사교적이지 않은 우리 아이의 모습을 말입니다.

아이가 고학년이 되고 사춘기에 접어들면, 부모와 관심과 질문을 무척 귀찮아합니다. 부모의 좋은 의도는 아이의 심드렁한 태도에 체면을 구기지요. 부모도 아이에게 상처 받는 일이 생깁니다. 이럴 때는 거리를 두고 아이를 관찰하고 기다려주는 태도가 필요합니다. 그리고 아이가 필요로 할 때 즉각적으로 반응해주는 것만으로도 충분합니다.

사춘기 아이는 자기가 원할 때는 부모 곁에서 이것저것 요구하지만, 자기가 원치 않을 때는 부모가 건드리는 것조차 질색합니다. 아이들은 부모의 요구가 아니라 자신의 요구에 따라 즉각 반응해주길 바랍니다. 사랑이나 관심은 타이밍입니다. 타이밍을 어떻게 맞추느냐에 따라 아이에게 사랑이 전달되기도 하고, 오히려 관계를 망치기도 합니다.

부모와 아이의 기질, 고치려 하면 망가지고 인정해주면 살아난다

지금까지 이야기한 모든 노력이 어우러져서 부모 아이의 관계가 친밀감과 사랑으로 맺어집니다. 부모와 아이 서로의 기질을 보완할 수 있고, 기질적 특징이 극단적으로 가지 않습니다. 아이의 기질이 극단적인 경향을 띤다는 건 한편으로는 자기 보호를 위한 노력이기도 합니다. 자신의 본디 모습이 부모에게 충분히 받아들여지면 아이는 기질의 장점을 키워나갈 것입니다.

그렇다면 아이의 기질을 언제까지 받아들여야 할까요? 그것은 부모가 정하는 것이 아니라 아이의 기질에 따라 수용되는 기간이나 정도를 정해야 합니다. 그것을 파악한다면 관계에도 긍정적인 영향이 될 것입니다. 아이를 키우면서 기질을 맞추어나가는 노력이 한 순간만으로는 힘듭니다. 부모에게서 아이를 독립시킬 때까지 이러한 노력들이 꾸준히 있어야 하지요. 아이와 부딪침이 많아질 때는 아이를 맞춰주는 데 집중해야 합니다. 그러다 보면 간혹 치사하다는 생각도 많이 들 것입니다. 하지만 지금 노력해야 나중에 부모가 편해집니다.

지금 관계가 힘겨우십니까? 노력 없이 되는 것은 없습니다. 특히 부모와 아이 관계에서는 저절로 되는 것은 아무것도 없습니다. 노력하는 것이 잘되지 않아도 절대 포기하지 마십시오. 작심삼일이 되어서 '에라 모르겠다' 식으로 포기하는 경우가 많은데, 중요한 것은 잘하는 것이 아니라 노력하는 태도입니다. 아이와 부모 사이에, 특히 기질이 다르다면, 노력을 통해 그 성의가 전달될 것입니다.

혹시 아이와 내가 같은 기질이어서 서로 잘 맞았으면 좋겠다는 생각이 드시나요? 앞에서도 보았듯이 기질이 같다고 장점만 있는 것이 아닙니다. 어쩌면 이러한 기대들은 복권에 대한 기대와 같습니다. 있지 않은 것에 대한 기대는 현실에 대한 막연함을 키우고 씁쓸함을 전해줍니다. 내가 아이를 선택할 수 있는 것이 아닌 이상, 중요한 것은 이 상황을 즐길 수 있게 만드는 것입니다.

서로 다른 사람을 알아가는 것은 마음의 자세만 조금 바꾸면 아주 재미있는 일입니다. '나는 그런 적이 없는데 아이는 저렇게 하는구나!'라고 보고 그것을 문제라고 여기지 않으면 아이와의 관계를 즐길 수 있습니다. 이렇게 즐기다 보면 자연스럽게 아이가 가진 기질의 긍정적인 부분들이 키워지기 때문에 관계도 친밀해집니다. 힘든 상황이 조금 지나면 아이와 대화도 잘 되어갈 것입니다.

사람이 타고난 기질에는 좋고 나쁘거나, 옳고 그름이 없습니다. 그런데 우리가 알게 모르게 기질에 대해 평가하고 내 마음에 들지 않으면 나쁘다거나 틀렸다고 생각합니다. 심지어 자신을 잘 관리하는 기질의 사람들은 '자신의 방법'이 틀렸다고 생각해본 적이 없다고 합니다. 그런데 자신을 관리하는 데는 그 방법이 좋은지 모르겠지만 다른 사람에게는 무조건 좋지 않을 수도 있습니다. 그렇지만 그 차이를 망각하고 다른 사람이 자신의 방식을 버거워하면 '그르다'고 평가하고 고치려 들게 되지요.

반드시 기억해야 할 것은 '기질은 고치려고 하면 망가뜨러지고 그대로 인정하면 기질의 장점이 살아난다'는 것입니다. 왜일까요? 처음부터 잘못되어 있는 것이라면 고쳐야 하지만, 이것은 자기 마음에 안 드는 것이지 잘못된 것이 아닐 수 있기 때문입니다. 결국 부모의 노력은 아이의 기질을 인정하는 것이 바탕되어야만 빛을 발할 수 있습니다. 나와는 다른 아이의 기질을 인정하고 그 기질이 제대로 성장할 수 있게 도와주는 것입니다. 이러한 부모의 노력은 아이가 자신의 매력을 마음껏 발산하고 고유한 빛깔을 자유로이 연출하게 함으로써 행복감을 맛보게 합니다.

우리는 우리의 아이가 어떤 사람으로 자랄지를 좌우할 수 있습니다. 아이가 타고난 기질에는 장점과 단점이 함께 있습니다. 장점으로 갈지 아니면 단점으로 갈지는 부모가 하기 나름입니다. 아이에게 '넌 예민하다'고 말하고 싶으십니까? 아니면 '넌 섬세하고 구석구석 잘 살피는 아이'라고 말하고 싶으십니까? 떼쟁이처럼 고집스러운 아이로 키우고 싶습니까? 아니면 자기 주관이 뚜렷한 아이로 키우길 원하십니까?

산만하고 정신없는 아이를 원하십니까? 아니면 활동적이고 에너지가 많은 아이를 원하십니까? 부모가 원하는 아이는 자기 욕구나 의사 표현도 제대로 못하는 아이인가요? 아니면 자기 생각을 잘 표현하고 어디서든지 적응을 잘하는 아이인가요?

아이가 느려서 마무리도 못하는 아이가 되었으면 하나요? 아니면 자신의 할 일을 잘하면서 느긋하게 여유를 즐길 줄 아는 아이가 되길 원하시나요? 잘 삐치고, 토라지는 아이로 키우고 싶으신가요? 아니면 감성이 풍부해서 다른 사람의 감정도 잘 파악하고, 자신의 감정도 적절히 즐길 줄 아는 아이로 키우고 싶으신가요?

자기만 알고 욕심꾸러기인 아이가 좋으신가요? 아니면 자신을 바로 세우면서 남도 챙길 줄 아는 아이가 좋으신가요? 한곳에 집착하는 아이와 함께하고 싶으십니까? 아니면 자기가 좋아하는 일에 열정을 뿜을 수 있고 주변 상황도 살필 줄 아는 아이와 함께하고 싶으십니까?

앞에서 이야기한 여러 기질의 장점을 가진 아이를 진정 원하십니까? 그렇다면 아이가 가지고 태어난 모습을 인정하고 받아주면서 키워 보십시오. 나와 다르다 하더라도 틀린 것이 아니라는 것을 되새기면서요.

왜 나는 아이와 자꾸 부딪칠까?

초 판 1쇄 발행 2013년 8월 20일
초 판 2쇄 발행 2014년 5월 15일

지은이 김성은
펴낸이 이지은   **펴낸곳** 팜파스
기획·편집 박선희   **디자인** 최설란   **마케팅** 정우룡
인 쇄 (주)미광원색사

출판등록 2002년 12월 30일 제10-2536호
주소 서울 마포구 서교동 404-26 팜파스빌딩 2층
대표전화 02-335-3681 **팩스** 02-335-3743
홈페이지 www.pampasbook.com | blog.naver.com/pampasbook
이메일 pampas@pampasbook.com

값 13,000원
ISBN 978-89-98537-18-0 13590

ⓒ 김성은, 2013

- 이 책의 일부 내용을 인용하거나 발췌하려면 반드시 저작권자의 동의를 얻어야 합니다.
- 잘못된 책은 구입하신 서점에서 교환해 드립니다.

이 도서의 국립중앙도서관 출판시도서목록(CIP)은 서지정보유통지원시스템 홈페이지(http://seoji.nl.go.kr)와 국가자료공동목록시스템(http://www.nl.go.kr/kolisnet)에서 이용하실 수 있습니다.(CIP제어번호: CIP2013012657)